정치인에게 배우는
마케팅 전략

어퍼컷과
하이킥

정치인에게 배우는 마케팅 전략

어퍼컷과 하이킥

심우진 지음

승패가 갈린 이재명의 하이킥과 윤석열의 어퍼컷!
정치인의 선거 캠페인과 국민 소통에서 마케팅 전략을 배우자

Intro

인류 역사에서 과학과 기술이 급격하게 발전하는 이슈는 무엇일까요? 저는 전쟁이 그 중 하나라고 생각합니다. 원시인들은 다른 부족과의 전쟁에 대비하기 위해 석기를 날카롭게 갈았고, 좀 더 강한 무기를 만들기 위한 과정에서 금속 제련에 대한 기술을 습득하며 청동기, 철기시대로 진보합니다. 한 번의 전쟁에 공동체의 존립 자체가 좌우되는 판이니 자신들이 가지고 있는 최고의 기술과 지적 물리적 역량을 결집해 전쟁에 투입해야 합니다. 그리고 비극적인 전쟁이 끝나고 난 뒤에는 전쟁을 통해 축적하게 되었던 역량을 사회발전에 활용하며 인류의 기술과 문명은 진보했습니다.

지금 우리가 누리는 다양한 물질적 혜택들 역시 전쟁을 매개로 태동한 것들이 많습니다. 전기, 도로, 항공, 건설과 같은 인프라에서부터 통신, 의료, 공중위생, 컴퓨터와 같은 과학기술은 전쟁을 겪으며 비약적으로 발전했습니다.

이 뿐만이 아닙니다. 전쟁에서 명분과 도덕적 우위를 점하고자 하는 정치력, 대중을 설득하는 커뮤니케이션, 인사/조직, 물류 최적화, 전략과 전술 등등의 지식과 정보, 광고/홍보 등도 전쟁을 통해 빠르게 발전했습니다.

그리고 현대에 들어서며 무기를 사용하여 영토를 빼앗는 무력 전쟁을 대신해 제품과 서비스를 팔며 영향력을 넓히는 경제 전쟁이 벌어지고 있습니다. 전사의 후예들은 이제 군대가 아닌 기업에서 선배들의 사례들을 통해 배우고 반면교사 삼아가며 이를 경제 영토 확장에 활용합니다. 많은 경영 이론들이 고대의 병법가들로부터 영감을 얻었고, 손무와 장량, 이순신과 같은 병법가들과 전쟁 영웅들은 경영 대학원에서 벤치마킹의 대상이 되고 있습니다. 현대 기업 운영의 핵심 역량으로 꼽히는 HRM, SCM 등의 체계는 군대의 조직관리 방법이나 병참에서 익힌 물류관리 역량으로부터 계승, 발전시킨 지식입니다. 고도성장기 한국 기업이 빠르게 성장할 수 있었던 비결 중 하나로 군대를 경험한 인력들이 사내에 유사 군사문화를 심고 조직과 생산을 효율적으로 운영하기 위해 몸부림쳤던 노력을 빼놓기 어려울 정도입니다. 물론 그 과정에서 발생한 노동착취와 높은 산재율, 중년 과로사

등의 부작용도 있었지만 말입니다.

상대의 영토와 주권을 침탈하기 위한 목적을 가진 전쟁과 시장을 점유하고자 하는 경영 행위 특히, 마케팅은 많은 점에서 닮아 있고, 또한 유능한 정치인들은 대체로 마케팅의 귀재들이었습니다. 그들은 자신의 이미지를 적정하게 포지셔닝하고, 유권자와 끊임없이 소통하며 핵심 메시지를 간결하게 전파함으로써 정치적 목적을 달성합니다. 선거 캠프에서 유능한 마케터를 영입하기 위해 노력하는 것도 이런 이유 때문입니다.

한국은 다른 나라들에 비해서도 정치에 관심이 많은 국가로 꼽힙니다. 다양한 사회 문화적 해석이 있지만 여전히 사회적 계층 이동의 변동성이 다른 국가와 비교해서도 크며, 실제로 여론과 투표의 영향력이 정치에 큰 영향을 미치는 점, 국민들의 대체적인 교육 수준이 높아 정치인들을 끊임없이 감시하는 지적 능력을 갖추고 있는 것 등이 그 원인으로 지목됩니다. 우리 국민들은 나라가 위기에 처할 때면 죽음을 각오하고 투쟁했고, 또 부도덕한 권력자들을 쫓아냈던 역사를 자랑스럽게 생각합니다.

한국 정치인들은 상당히 고달픕니다. 점점 투명하게 드러날 수밖에 없는 정치활동 이력과 감추기 어려워지는 정치자금 지출내역 등으로 예전에는 가능했던 부정과 비리가 백일하에 드러나고, 본인은 물론 가족의 사생활까지 탈탈 털려가며 엄격한 청렴성을 요구받습니다. 여전히 우리 눈높이로 보자면 엉터리 같은 정치인들이 많기는 하지만 그럼에도 전 세계를 놓고 보자면 우리 정치인들의 역량과 도덕적 수준은 꽤 높은 편에 속합니다. 한국산 제품들이 깐깐한 국내 소비자들의 기호에 맞추다보니 세계 최고 수준의 품질과 기능을 얻게 된 것처럼 우리의 정치인들도 수준 높은 시민의 눈높이를 맞춰가며 세계적인 수준에서 보면 대체로 괜찮은 수준의 역량을 갖게 되었다고 할 수 있습니다.

당연히 이런 역량 중에는 마케팅 또한 포함됩니다. 그래서 간혹 일부 정치인들의 이해할 수 없는 발언과 돌발행동들이 일어나곤 하는데, 이런 발언과 행동들에는 진짜 실수도 있지만 고도로 계산된 전략에 따른 의도적인 발언과 행동이 숨어 있는 경우도 적지 않습니다.

정치인이 던지는 단어 한마디, 억양, 말투, 행동, 옷차림 등은 일반인들이 상상하는 것 이상의 고민과 분석을 통해 치밀하게 기획된 커뮤니케이션 전략인 경우가 많습니다. 그래서 이러한 현대 정치인들의 발자취를 더듬어가다 보면 기업의 경영전략과 마케팅에 접목할 수 있는 경영과 마케팅 이론이 녹아 있는 실전 사례들을 다수 발견하게 됩니다.

이 책은 현대 한국 정치인들의 다양한 사례와 사건 등을 통해 기업의 마케팅 전략을 쉽게 배울 수 있도록 구성하였습니다. 마케팅을 처음 공부하는 대학생, 관련 자격증시험을 준비하기에 앞서 마케팅에 대한 전반적인 개념과 이론, 전략에 대한 이해를 쌓고자 하는 수험생, 마케팅과 관련된 진로를 꿈꾸는 취업준비생, 기업을 비롯한 각 분야에서 처음으로 마케팅 업무를 담당하게 된 직장인 등이 실전에 앞서 좀 더 쉽고 편하고 흥미롭게 관련 이론을 익숙한 예시로 접할 수 있도록 집필하였습니다. 정치 마케팅, 정치 컨설팅 등에 관심이 있으신 분들에게도 좋은 입문서가 될 것이란 점은 당연합니다.

등장하는 정치인의 이름에 직위 등 호칭은 붙이지 않았습니다. 특정 정치인에 대한 필자 개인적인 선호 또한 최대한 배제하고자 했습니다. 정치인과 그의 일화는 저의 판단을 기준으로 잘잘못을 따지기보다 역사적 사실로, 마케팅을 공부하는 소재로만 활용하고자 했습니다. 가능하면 익숙한 정치인들의 케이스 스터디case study를 통해 마케팅 이론(마케팅 관리론, 소비자 행동론 등)을 쉽게 이해하는 데 목표를 두고자 했으며, 만에 하나 글 속에 특정 정치인에 대한 필자의 개인적 호오가 드러난다면 그건 모두 저의 글 솜씨가 부족한 탓이라는 점을 너그럽게 이해해 주시기 바랍니다.

이 책을 읽으며 흥미 있고 유익한 시간을 보내며 관련 지식과 이해가 늘어난 분이 계시다면, 저에게는 더 없는 보람이겠습니다.

| 차례 |

류호정

스타트업이라면
류호정처럼

STP 전략, VRIO 분석,
기억, 인지도와 호감도

류호정은 21대 국회의원 중 국민들에게 가장 널리 알려진 인물 중 하나입니다. 선출 과정과 의정활동에서 다양한 논란이 있었지만, '부고를 빼고 언론에 나오는 건 다 좋다.' '무플보다 악플이 낫다'는 정치인의 언론노출 생리를 본다면 21대 국회에서 가장 성공한 초선의원이라고 봐도 좋을 정도입니다. 여러 정치인들이 다양한 온·오프라인을 통해 대국민 커뮤니케이션을 하지만 류호정처럼 순식간에 등장하여 많은 이들에게 깊은 인상을 남기며 성공적인 데뷔를 한 정치인은 흔치 않습니다.

류호정의 커리어를 '대리 게임' 논란을 일으킨 '게이머' 정도로 알고 계시는 분들이 많겠지만 실제로는 그게 전부가 아닙니다. 대학을 졸업한 후 대형 게임회사 기획팀, 마케팅팀 등에서 일했고, 이후 민주노총 화섬식품 노조에서 선전홍보부장을 역임합니다. 정의당 비례대표 1번으로 뽑힐 수 있었던 배경에는 단지 여성, 청년을 배려한다는 당의 정책에 따른 혜택 때문만은 아니었습니다. 류호정이 치열한 내부경쟁을 뚫고 비례 1번으로 발탁된 데에는 상당한 성과를 올렸던 유능한 마케터로서의 역량이 더 크게 작용했다고 볼 수 있습니다.

류호정을 '정치인에게 배우는 마케팅 전략'에서 첫 번째 사례로 다루게 된 이유는 자원과 역량, 인지도와 호감도가 없는 스타트업이 빠른 시간 내에 원하는 시장에서 어떻게 자리를 잡는지를 보여주는 모범 답안과도 같은 성과를 여러 차례 남겼기 때문입니다. 특히 류호정이 모범적으로 구사한 'STP 전략'은 마케팅의 기본이자 시작이라고 할 수 있으므로 이제 사업을 시작하는 스타트업들에게 큰 인사이트를 줍니다.

STP 전략

정치인은 '더 많은' 국민에게 '호감'을 얻는 것을 목적으로 합니다. 하지만 류호정은 그렇게 할 수 없었습니다. 다른 정치인들이 대체로 자신의 분야에서 눈부신 성과를 거둠으로써 이미 이름을 알린 후 정치에 데뷔하는 반면, 류호정은 너무도 빠르게 발탁됨으로써 본인의 역량이나 성과들이 잘 알려지지 않았고, 여성/청년이라는 소수자에 대한 배려로 정당 라인업의 상징인 비례 1번을 받았다는 사실만이 부각되었습니다.

다른 정치인들에 비해 비교적 쉽게 국회의원이 되었습니다만 대중 정치인으로 성장하기 위해서는 당선 이후부터 '정당의 배려로 국회의원이 된' 태생적 한계가 걸림돌로 작용을 합니다. 본인으로서는 일견 억울한 생각이 들 수도 있겠지만 주어진 환경을 탓할 수만은 없었습니다. 남들보다 두 배 세 배 더 잘해야 비로소 인정을 받을 수 있는 환경이고, 이러한 핸디캡을 본인이 누구보다 잘 알고 있었을 겁니다. 그러니 그 불리함을 극복하고 본인의 장점을 활용한 공격적인 전략을 수립하고 실행에 옮깁니다.

이제 류호정 의원실의 보좌진으로 빙의해서 왜, 어떤 결정을 하고, 무엇을 어떻게 실행해 나갔을지 그 과정을 유추해보고자 합니다. 그동안 류호정의 행적, 노출 전략, 실행 방법 등은 마케팅 정석을 충실히 따르고 있어서 그 과정을 짚어가는 게 그리 어렵지 않은 일입니다.

국회의원이 된 류호정이 가장 처음 할 일은 현재 자신이 가지고 있는 지지자와 잠재적 지지자의 특성과 요구를 명확히 정의하는 것이었습니다.

류호정이 소속된 정의당은 다수 대중들에게 공감 받는 것을 목적으로 하기보다는 소수자의 열정적 지지집단을 표적 시장으로 선정한 정당입니다. 제품을 구매하는 입장에서 보면 품질이나 가격 등 구매 가치보다 친환경, 장애인기업, 여성기업 등 사회적 가치를 앞에 내세우는 제품의 포지션을 생각하시면 쉽겠습니다. 수가 많지는 않지만 확실하고 차별화된 니즈를 보유한 집단입니다.

기존 국회의원의 대다수를 차지하는 '남성, 중장년, 사회적으로 성공한 커리어'를 가진 사람들과 대척점에 위치해 있는 '여성, 청년, 해고 노동자, 노조 집행위원'의 이력을 활용합니다. 본인과 동질감을 느끼는 집단이며 주요 지지층입니다. 때마침 불어온 페미니즘 열풍으로 여성과 청년의 정치적 등용 여론 등 긍정적인 외부환경 요인도 있었습니다. 지지자 그룹이 '다수의 소극적'보다는 '소수의 열광적' 속성을 가졌음을 파악하고 있는 상태에서 내가 집중해야 할 유권자 속성을 더욱 세밀히 파악하기 위해 다음의 조건으로 현재 유권자의 시장을 다음과 같이 세 가지 순서로 분석해 봅니다.

지지자 세분화

연령별, 성별, 사회 경제적 지위, 직업, 정치적 성향 등을 인구통계학 및 심리적으로 분류하고 현재 내게 호감을 가지고 있는 핵심 지지층, 앞으로 마음을 잡아야 할 잠재적 지지층, 공략을 포기할 계층 등으로 잘게 쪼갭니다.

타깃 지지자 선정

세분화된 그룹 중 현 지지자와 확장할 계층의 디테일한 모델을 정하고, 현 지지층의 충성도를 강화하며 새로운 지지층으로 끌어들일 수 있을 계층을 정의합니다.

차별화 및 공략 방안

정해진 타깃 지지자들에게 어필할 수 있는 다양한 방안을 정하여 타깃 속성별 커뮤니케이션 전략을 수립합니다.

	현 지지자	확장 대상	포기
세분화 후 발굴된 특성	20~40대, 여성, 저소득, 블루칼라 노동자, 부당하게 차별을 받고 있다고 생각하는 소수자 / 소외자 그룹	중장년, 남성, 중산층 화이트칼라 노동자, 사회에 아직 다양한 차별이 존재하며 그것은 정의롭지 못하므로 개선해야 한다는 주장에 공감하는 이들	노년, 고소득자, 자산 / 연금 소득자, 자영업자, 상대적으로 보수적인 성향, 성역할의 고정관념을 갖고 있는 계층 등
전략 목표	지지 강도 강화	지지 폭 확대	포기. 이들의 지지를 얻기 위해 불필요한 자원을 낭비할 필요가 없음
공략 방안	차별받고 소외된 소수자들을 더 많이 찾아 연대하고 공감을 얻기 위한 선전전 실행. 청년 & 여성 등 핵심 지지층을 위한 법안 발의, 홍보	확장 대상에게 관심을 받을 수 있을 만한 긍정적 노이즈를 생성하고 언론과 온라인 노출로 인지도 up	무대응
세부 실천 사항	산재 사건, 고용자 갑질 사건 등 사회적 반향을 일으킬 수 있는 이벤트 발생 시 연대. 비동의 간음죄 등 지지층이 호응할 법안 발의	SNS, 온라인 커뮤니티 등을 활용한 소통 다양한 코스프레로 눈길 집중	본인에게 비판적 스탠스를 가지고 내놓는 의견이나 악플 등등에 대해서는 무시하고 철저히 무대응.

위와 같은 기준에 따라 지지자 그룹과 향후 본인을 지지할 가능성이 있는 그룹, 아예 공략이 불가능한 그룹으로 유권자의 특성을 나눠 그 특성에 따라 다음 표와 같은 공략 전략을 수립해 봅니다.

가상으로 간단히 재현해 본 류호정의 STP 분석

이렇게 현 지지층과 잠재적 지지층에게 호감도를 얻을 수 있는 전략 목표와 실행 방향이 도출됩니다. 애초 지지 의사가 없는 계층을 공략하는 데 드는 시간과 노력이 너무 크고 성공 확률도 낮으니 과감히 포기합니다. 대신 기존 지지자의 충성도를 높이고 잠재적 지지자의 마음을 가져올 세부 전략들을 중요도와 긴급도에 따라 분류합니다. 그리고 계획이 수립되면 하나씩 실행에 옮기며 성과를 모니터링 합니다.

이 과정에서 다른 정치인과 차별화되는 류호정만의 고유한 지지층 영역이 확보되고, 확장 대상의 특성이 명확해짐에 따라 구체적인 실천 방안들이 다시 도출됩니다.

이러한 과정을 마케팅에서는 'STP 전략'이라 부릅니다. 타깃 고객을 정의하고 고객 그룹별로 나만의 강점을 소통하는 방안입니다. STP 전략은 기업이 만든 서비스와 제품을 가지고 자신이 가장 유리한 시장에서 경쟁하는 '선택과 집중' 전략으로 시장을 세분화하여 내게 가장 유리한 고객을 정의하고 그 세분화된 시장에 대응하는 마케팅 행위입니다.

모든 마케팅 전략은 내 고객이 누구인지를 명확히 정의하는 STP로부터 시작합니다. 마케팅에 많은 역량을 쏟기 어려운 작은 회사일수록 그 중요성이 큽니다. 한정된 자원으로 자신이 가장 유리하게 이끌어갈 수 있는 시장을 발굴하여 집중하는 전략은 대기업보다 작은 기업에 어울립니다. (그런데 현실에서는, 작은 기업일수록 더 많은 고객에 욕심을 내고, 대기업일수록 집단을 잘게 쪼개어 가며 세분화를 실천해 가더랍니다. 현실 세계에서 대기업이 대체로 작은 기업과의 경쟁에서 우위를 점유하는 이유입니다.)

확실한 충성 고객을 통해 안정적인 매출을 확보하면 이를 기반으로 인접한 세그먼트segment로 고객을 확장하는 데 부담이 적습니다. 상대적으로 열세인 병력으로 왜군들을 상대로 23전 23승, 전승을 거둔 이순신 장군이 STP 전략의 모범 사례입니다.

내가 가장 유리한 곳으로 전선을 좁히고, 화력을 집중하였습니다. 지식과 실천입니다. STP의 목적인 "선택과 집중"은 스타트업이 류호정에게서 배울 가장 중요한 마케팅 지식과 실천입니다.

STP

Segmentation(시장 세분화)

소비자의 집단을 나누고, 나름의 기준을 통해 시장을 구분하는 과정. 같은 욕구를 가진 고객의 집단으로 분류하고, 이를 충족시켜 주는 과정에서 불필요한 경쟁과 자원 낭비를 최소화한다. 시장을 내부적으로는 동질적, 외부적으로는 이질적인 군집으로 분류한다. 측정 가능한, 충분한 시장 규모의 접근 가능한, 차별적 반응을 갖는 집단들로 구분된다. 세분화 기준은 다양하고, 시장이 성숙하면서 더 잘게 쪼개지는데, 세분화의 기준은 대체적으로 지리적, 인구 통계적, 심리 특성적, 구매 행동적 기준이 된다.

Targeting(표적 시장 선정)

세분화한 시장을 분석한다. 경쟁자의 제품 형태, 범주, 효익, 예산 등을 파악하고 판매할 사이즈의 시장이 발견되었다면 시장 내에서 어떤 식으로 차별화할지 그 방안을 도출해 낸다.

Positioning(포지셔닝)

소비자의 마음속에 우리 제품을 위치시키는 과정이다. 먼저 표적 시장 내 경쟁자가 존재하는지 확인하고, 경쟁자와의 제품/서비스/이미지 등에서 동등점(경쟁사 제품에 비하여 못하지 않은 요소)과 차별점(경쟁사 대비 우월한 요소)을 정한다. 경쟁자와 확실하게 차별화된 포지셔닝이 성공한다면 마케팅 커뮤니케이션이 쉽고 간결해진다. 하나의 단어 또는 문장으로 나의 위치를 소구하고 적은 비용으로 빠르게 고객의 니즈를 파고든다.

STP 전략은 거의 모든 기업에서 두루 사용됩니다. 대기업이라면 하나의 제품군을 다양한 니즈를 가진 고객에게 각각 차별화하는 데 활용합니다. 냉장고를 만들고 파는 회사를 예로 들어보겠습니다.

1인 가족용, 4인 가족용, 업소용, 김치냉장고 등 집단 내에서는 동질적이고 집단 간에는 차이가 있는 사용자의 특성별로 세분화합니다. 그리고 각각의 타깃 고객에게 해당 제품의 장점을 포지셔닝하고 마케팅 커뮤니케이션으로 연결하는 일체의 행위를 예로 들 수 있겠습니다.

이 전략은 시장에서의 인지도와 업력, 다양한 라인업을 갖추지 못하여 다수의 고객에게 한꺼번에 다가갈 역량이 되지 않는 스타트업과 중소기업에게 중요하고 가치 있는 전략입니다. 작은 기업일수록 시장을 잘게 쪼개고 자사가 보유하고 있는 역량을 집중해 내가 만든 시장에서 최강자가 되어야 합니다. 가망 없는 시장에 낭비할 자원이 없습니다. 다만, 세분화한 시장이 너무 작다면 개인화된 맞춤 서비스와의 차별화가 어려워 오히려 비용이 증가하여 효율성이 떨어질 수도 있으므로 잘게 쪼갠 시장은 최소한 "수익을 얻기에 충분한 크기"가 되어야 한다는 점을 명심해야 합니다.

타깃을 좁히고 역량을 집중해 성장하고 있는 스타트업들

STP의 반례가 있기도 합니다. 애플의 아이폰을 예로 들 수 있습니다. 경쟁사가 고가의 다기능 폰부터 초저가 폰까지 다양한 모델을 출시하며 각각의 세그먼트segment에 위치한 고객들을 공략할 때, 아이폰은 단일화된 고가의 모델로 대응했습니다. 이후부터 파생 모델들을 출시하기는 했지만 다른 메이저 스마트폰 제조사들의 모델 수에 비할 바가 아닙니다. 고객의 계층과 특성은 다양했지만 모델 단일화를 통해 제조공정을 단순화했고 패키징, 광고, SCM, 물류비 등 비용을 효율화 하여 원가와 품질을 함께 잡을 수 있었습니다. 이 전략은 많은 이들이 선망하는 독보적인 제품을 제조하는 공급 우위의 기업에서 구사가 가능합니다.

효과적인 STP 전략으로 자신만의 시장을 만들어 성공한 스타트업의 예시

예시	제품/서비스 모델	타깃 고객	강점
1	집주인이 출근 또는 여행을 간 사이 빈 집에 들어가 혼자 있는 반려동물을 케어 (밥 주기, 똥 치우기 등등)	강남 지역, 직장인, 1인가구	1인 가구 밀집지역으로 한정하여 밀집된 곳에서 서비스하므로 유휴시간이 적음. 같은 니즈를 가진 동호회에서 바이럴 용이
2	아파트에서 화장실 청소만 저렴하고 빠르게 해 주는 서비스	대단지 아파트, 중산층, 4인가족	집 청소 중 가장 까다롭고 시간 소요가 큰 화장실만을 집중 수행, 전문성으로 차별화 가능하며 대단지 내 여러 집 수행으로 규모의 경제 달성
3	가슴 부분에 지퍼를 달아 수유하기 쉽게 만든 여성용 셔츠	모유 수유 중인 산모	특정 고객층의 커뮤니티, 인터넷 검색어 등을 통해 타깃 고객에게 효과적으로 노출
4	노인을 병원에 모시고 가는 에스코트 서비스	1인 노인 가구	평균수명이 길어지는 추세에 따라 노인들의 병원 이용이 증가하는 한편, 1인 또는 맞벌이 부부로 구매력은 있으나 부모를 부양하기 어려운 중산층 자녀를 대상으로 타깃팅, 감성 마케팅 시도

보유한 자원의 선택과 집중, VRIO 분석

어떤 기업이든 자신이 가진 역량의 장점과 단점을 객관적으로 파악하고 있어야 합니다. 그래야 제품과 서비스를 고객에게 제공할 때, 강점을 더 부각하고 단점은 보완하는 전략을 사용할 수 있습니다. 하지만 현실에서는 작은 기업일수록 대표자의 자신감과 역경 극복 경험 등으로 자사의 장단점을 냉정히 파악하지 못하는 경우가 많고, 갑자기 유명세를 탄 사람과 같은 경우에는 성공에 도취되어 스스로를 객관화 하지 못하는 경우가 훨씬 더 많습니다.

류호정은 영리하게도 본인의 장단점을 비교적 냉정히 파악한 것으로 보입니다. 정치인으로서 대단한 강점입니다. 그리고 본인이 보유하고 있는 한정된 자원을, 단점을 보완하는 데에는 거의 신경을 쓰지 않는 대신 장점을 극대화 하는 데 '몰빵'하는 선택을 합니다.

위에서 언급했듯이 '여성, 청년'이라는 지위는 국회에서 매우 희소했지만 그렇다고 완벽하게 독점적인 영역은 아니었습니다. 20대는 아니지만 30대 젊은 여성 초선의원 몇몇이 더 있었고, 그들도 류호정과 같이 '여성, 청년'의 세그먼트segment를 점유하기 위한 자원 활용이 가능했습니다.

그러나 이를 실제로 활용해 인지도를 높이는 데 성공한 것은 류호정뿐이었습니다. 발랄하고 상큼한 이미지를 강화하는 데 도움이 되는 당의 색상인 노란색을 가장 효과적으로 활용했고 여기에 창의적인 코스프레를 활용, 본인의 희소성과 낮은 모방 가능성을 경쟁력의 원천으로 삼아 이 역량을 '인지도 높이기'라는 성과로 연결시켰습니다. 이 과정에서, 애초에 의도한 언론과 온라인의 노이즈를 일으키는 데 성공했고, 본인이 발의한 타투법 통과를 위한 등짝 노출 퍼포먼스는 파격을 넘어 충격적이기까지 했었습니다.

마케팅 프로모션의 다양한 방법 중 젊은 여성의 신체를 노출시켜 집중도를 높이는 '성적 소구'는 그 효과가 전통적으로 검증된, 메시지 전달 효율성이 매우 높은 감성적 소구 방법입니다. 그래서 지난 시절 많은 기업들이 고객의 이목을 끌기 위한 성적 소구를 광고와 고객 커뮤니케이션에 활용했습니다. 지금도 레이싱걸, 주류 모델 등에서 그 흔적이 남아 있습니다.

투입 대비 고객의 이목을 집중하는 효과가 매우 높음이 입증되었음에도 불구하고 현대의 기업들이 성적 소구를 함부로 사용하지 못하는 이유는 우리 사회 구성원들의 전반적인 성 역할에 대한 인식 향상이 그 원인입니다.

광고를 위해 여성을 성적인 대상으로 활용하는 것은 도덕적으로 옳지 못하다는 판단을, 우리 구성원들이 대체로 동의하게 된 역사는 사실 그리 길지 않습니다.

그런데 메시지 전달을 위해 '성적 소구'를 활용한 이가 여성과 청년을 주요 지지층으로 하는 류호정이라는 사실 자체가 사회 구성원들에게 파장을 일으켰습니다. 당연히 류호정의 의도와는 다르게(아마 다르게) '타투법'에 대한 논의보다는 본인의 노출 사진과 이 사건을 둘러싼 다른 이야기들(예를 들어서, BTS의 사진을 활용했다든지)이 더 많은 이슈를 차지하며 전파되었습니다.

만약 이 전략을 보수정당의 여성이 구사하였더라면 정의당의 집중포화를 맞고 대국민 사과를 해야 했을 것이지만 마치 박근혜가 2012년 대선에서 공산당을 상징하는 빨간색을 보수정당에 처음 채용할 수 있었듯이 류호정도 성적 소구는 본인만이 사용할 수 있다는 사실을 분명히 알고 있었던 것입니다. 지금도 온라인에서 '류호정'을 검색하면 '타투법 통과'를 위한 등짝 노출 퍼포먼스 사진이 상위에 많이 조회됩니다. 대중이 류호정을 무엇으로 기억하고 있는지를 보여주는 단서입니다.

이 퍼포먼스는 "정책 홍보를 위해 본인을 활용한 것인가? 본인의 홍보를 위해 정책을 활용한 것인가?"라는 논란이 일기도 했습니다. 그런데 류호정에게는 이러한 논란 자체가 성과입니다.

좋은 명분을 앞세워 은근히 자사 제품을 노출하는 바이럴은 기업에서도 자주 활용하는 기법입니다. 선발 기업보다는 주로 후발/신생 기업들이 짧은 시간 내에 깊은 인상을 남기려는 목적으로 활용합니다. 환경보호 캠페인을 하며 자사의 브랜드를 노출하거나, '효孝' 캠페인에 제품을 가져다 붙이는 등의 방식입니다.

류호정이 본인의 강점에 집중하는 사이, 약점이 비집고 나와 논란을 일으키기도 했습니다. 비서관의 갑질폭로 사건이었습니다. 전 비서관 신 모 씨는 본인이 의원실에서 일하는 동안 노동법의 보호를 받지 못했으며 과도한 노동 시간에 시달리다 부당하게 해고당했다고 주장했습니다. 원칙적으로 보면 국회의원의 비서관은 별정직 공무원이어서 노동법의 적용을 받는 근로자가 아니므로 비서관의 시간 외 근로나 해고는 법적 제도적으로 문제가 될 사안이 아니었습니다. 여의도 관행상 국회의원 비서관들은 대체로 과로하게 되는 경우가 많고 실제로 쉽게 해고됩니다.

그러나 류호정은 본인이 해고 노동자 출신이었습니다. 그리고 그런 배경이 국회의원이 되는 데 주요한 역할을 했습니다. 거기에 비서관은 세 아이의 어머니였고, 상당한 격무에 시달렸던 사실 등이 정의당이 구현하고자 하는 '여성이 일하기 좋은 사회, 주4일제 노동시간 단축' 등의 의제와 배치되는 사안이어서 지지층의 감정선을 건드리게 된 것입니다. 무엇보다 '내부에서 터져 나온 폭로'라는 사건의 발단 자체로, 평소 정의당의 비전과 진정성에 큰 타격을 입습니다. 사건을 해결하는 과정도 매끄럽지 못했습니다. 초반에 자신의 잘못을 인정하고 사과함으로써 빠르게 끝낼 수 있었던 문제를 반론에 반론을 거듭하며 논란을 지속합니다. 이 사건은 많은 잠재 지지자들 그룹에 실망감을 주었고, 류호정과 정의당의 지지율이 급락하는 계기가 되었습니다.

장점 : 희소성, 모방 가능 정도   단점 : 조직 운영

류호정은 강점에 집중하는 데는 탁월한 역량이 있으나 조직 운영 면에서는 경쟁력을 갖지 못했던 점, 계획에 없던 리스크를 대처하는 데에는 부족한 것은 확실해 보입니다. 그게 아니라면 강점 강화에 집중하며 약점 보완은 전혀 신경 쓰지 않는 전형적인 스타트업의 전략을 따른 것일 수도 있습니다. 결국 본인이 스스로 해결을 못하고 정의당 지도부가 전면에 나서 중재를 해 주며 비서관의 폭로는 봉합이 되었습니다.

자사가 보유한 경쟁력을 객관적으로 파악하는 분석은 모든 전략에 선행되어야 합니다. 그래야 한정된 자원에서 타사 대비 우위에 서기 위해 자원을 활용하고 약점을 보완해 나갈 수 있는 생존 및 성장 전략이 도출됩니다. 오랜 업력을 가진 기업일수록 자사의 장단점을 냉정하게 파악하여 독창적인 사업 영역을 확보하는 역량이 뛰어납니다.

이 분야의 최고봉으로 자동차 제조사 볼보^{Volvo}의 예를 들 수 있겠습니다. 자동차 제조에 다른 모든 효용에 우선하여 '안전'이라는 가치를 최선으로 내세웠고, 어느 다른 제조사보다 높은 기준의 안전사양을 채택하며 독보적인 영역을 구축하였습니다. 이를 입증할 시험 결과와 퍼포먼스 등으로 고객에게 공감을 얻었습니다. 연비, 편의장치, A/S 편의성 등 다른 제조사들이 중요하게 생각하는 요인들보다 확실한 강점으로 고객의 뇌리에 각인시키는 것은 기업의 초기 정착에 유리합니다.

볼보는 안전에 관한 한 다른 기업들이 모방하기 어려울 만큼의 기술 격차를 보유했다는 자신감으로 이제는 흔히 사용되는 3점식 안전벨트 특허를 다른 자동차 제조사에 무료로 공개하기도 했습니다. 전 세계 자동차의 안정성을 높인다는 좋은 명분이었습니다. 특허권으로 인한 수익을 포기했지만 이 행동은 볼보의 차별화된 명성을 더 오랫동안 유지하는 데 큰 기여를 했습니다. 원래 '나 자신을 알라'는 명제가 가장 어렵듯이 사람도 기업도 본인의 객관적인 파악이 쉽지 않아 여러 툴^{tool}을 활용합니다. 그중 널리 쓰이는 분석 방법론으로 'VRIO 분석'이 있습니다.

VRIO 분석

제이 B 바니^{Jay B.Barney}가 저서 『완벽한 자원과 지속된 경쟁우위』에서 발표한 자원 기반 관점의 분석 도구다.

지속적인 경쟁우위의 원천을 위해 기업이 보유해야 하는 자원의 4가지 속성을 설명한다. 기존에는 기업 경쟁력의 원천을 확인하기 위해 어떤 자원을 보유했는지에 관심을 가졌는데, VRIO 분석은 그보다 한 단계 더 나아가, 자원을 활용할 능력을 확인하는 툴^{tool}로 기능한다.

Value (내부 보유 가치)
보유한 자원과 역량이 기업의 성과(이익)로 직결될 수 있어야 한다.

Rarity (희소성)
보유한 자원과 역량을 경쟁 기업이 보유할 가능성이 낮아야 한다.

Imitability (모방 가능 정도)
경쟁 기업이 우리 기업이 보유한 자원을 모방할 수 없거나 모방하더라도 시간과 비용 소모가 상당한 자원이어야 한다.

Organization (조직)
시장에 빠르게 대처 가능한 내부의 의사결정 체계를 보유한 역량

단기기억에서 장기기억으로

2020년 8월 4일, 류호정은 국회 본회의장에 분홍색 '샬랄라 원피스'를 입고 등원했습니다. '국회의원으로서의 탈권위'가 목표

였다고 합니다. 그리고 이 8만 원대 국내 브랜드 분홍 원피스는 순식간에 완판이 되며, 이 사건이 얼마나 많은 이들의 이목을 끌었는지 증명해 주었습니다.

사실 국회의원이 어떤 옷을 입든지 크게 중요하지는 않습니다. 일만 잘하면 그 뿐입니다. 실제로 원피스 등원 사건이 벌어졌을 때에도 이를 대놓고 지적하는 이는 많지 않았습니다. 예전 시대라면 신성한 국회 운운하며 캐주얼한 옷차림이 공격을 받았겠지만 '꼰대'라는 단어가 일상어가 되며 오래된 관행이 권위를 잃고 놀림거리가 되는 2020년이었습니다. 여성 국회의원의 옷차림으로 꼬투리를 잡는 행위 자체가 노회하고 구시대적인 습성으로 비춰질 위험이 다분합니다. 일부 커뮤니티에서 다양한 의견들이 있긴 했지만 이 논란에서 류호정을 공식적으로 비난하는 누군가의 언행은 다수 대중에게 '꼰대'로 낙인찍힐 위험이 큰 모험입니다. 류호정은 이러한 사실을 잘 알고 있었습니다.

이 사건의 기획 의도로 미루어 보았을 때, 누군가의 지지나 반대는 중요하지 않습니다. 설사 이 행동을 지적하고 보기 싫어하는 이들이 있다 한들 그들은 그러지 않아도 어차피 STP에서 분석했던 류호정의 주요 지지기반이나 공략 대상은 아닐 확률이 높았습니다. 퍼포먼스의 의도를 유추해 볼 때, 오히려 은근 반대자들이 자신의 옷차림을 지적하며 비신사적인 행위를 해 주기를 바랐을 것입니다. 반면 류호정을 이미 지지하는 이들이 샬랄라 원피스로 지지를 철회하지는 않을 것이라는 분석을 애초에 마쳤을 것입니다. 어떻게 되든 류호정은 잃을 것이 없는 대신 많은 이들에게 이름을 알릴 수 있는 이벤트였고, 때문에 보수 언론이 사진과 함께 이 사건을 다루었을 때, 류호정은 환호했을 것입니다.

찬반의 논란을 만들어낼 소지가 있음을 미리 파악하고 기획한 사건이 의도한 대로 흘러갑니다. 정치권과 언론에서는 다양한 목소리들이 오갑니다. 원피스를 '예의 없다'고 지적하는 이들은 대체로 원래부터 류호정 지지자들이 싫어하는 쪽이었고, 언론들은 꼰대가 될 위험이 있으므로 샬랄라 원피스를 이유로 류호정을 공격하지 못합니다. 이 사건을 계기로 많은 국민들이 '원피스를 입고 등원한 당당하고 새로운 세대'로 류호정을 인지합니다. 보수세력들이 공격할수록 류호정이 세그먼테이션 segmentation하고 타깃팅 targeting한 '잠재 지지자' 그룹들에게 매력적으로 어필합니다.

그런데 이게 전부가 아닙니다.

이 가십성 사건이 수많은 다른 정보들에 의해 대중들의 머릿속에서 사라질 즈음인 한 달 뒤(2020년 9월 17일), 이번에는 다시 노란 원피스를 입고 등원하며 언론에 한 번 더 자극을 시도합니다. 하지만 이번에는 빨간 원피스 때보다 파장이 적었고, 그 이후로 다시 원색의 원피스를 입었는지 여부는 알려지지 않습니다. 대중의 관심이 줄어든 것입니다.

빨간 원피스 등원　　　노란 원피스 등원　　　정의당 공식 행사에서의
(2020. 08. 04)　　　　(2020. 09. 17)　　　　　어두운 정장

　시간이 더 흐른 뒤에도 류호정은 여러 인터뷰에서 원피스 이야기를 지속적으로 스스로 꺼냅니다. 마치 본인을 대중들이 '샬랄라 원피스를 입고 등원한 겁 없는 청년'으로 오래 기억해 주기를 바라듯, 틈만 나면 상징과도 같은 원피스 이야기를 언급합니다. 원피스 이후에는 아예 코스프레를 본인의 주요 노출 전략으로 삼아 다양한 옷차림으로 언론의 카메라 앞에 섭니다. 기성 정치인들 사이에 위치한 권위주의를 타파하고자 하는 상징과도 같은 행동이라고 본인은 설명합니다.

　원피스 사건을 일회성으로 멈추지 않고, 지속적으로 인터뷰에서 언급한다거나 다시 특이한 옷을 입고 나오는 전략은 본인을 대중의 장기기억에 각인시키려는 목적으로 설명이 가능합니다. 기억을 반복적으로 꺼내 되새김해 줌으로써(이를 리허설이라고 합니다) 금세 잊혀질 사건이 오래 기억되게 합니다.

정의당 심상정 의원 대선 지원 유세 중, 오랜 시간이 지났지만 본인의 상징을 대중에게 리허설 시켜 장기기억으로 저장시키려는 시도, 2022.03.09. 출처: 류호정 의원 페이스북

인간은 눈, 코, 귀, 피부 등 감각기관을 통해 하루에도 수천, 수만 건의 자극을 뇌에 전달합니다. 너무 많은 정보가 들어오므로 뇌는 이를 모두 기억할 수 없습니다. 뇌는 이런 정보들 중에서 중요하지 않다고 판단되는 정보는 빠르게 망각하고, 어느 정도 의미가 있는 정보는 단기기억으로, 그보다 더 중요한 정보는 장기기억으로 보존하며 뇌 용량의 활용도를 효율화 합니다.

자사의 제품을 소비자의 장기기억에 위치시키기 위한 기업들의 노력

시각화

눈은 가장 강력한 감각이다. 소비자의 마음속에 시각 정보를 연상시켜 기억을 강화한다.

- **그림 사용** : 소비자가 기억하기 원하는 정보를 전달할 때 언어와 그림을 함께 제공하면 언어/시각적 복합 정보로 저장되어 이후 더 쉽게 다시 기억해 낼 수 있다.
- **구체적 정보 사용** : 다시 생각해 내기 쉽고 익숙한 브랜드를 활용한다.
- **심상 지시** : 소비자의 상상력을 자극하도록 특정 장면을 시각화한다. 이를테면, 넓은 바다에서 시원한 음료를 마시는 풍경일 수 있다.

청각 활용

청각은 예민한 감각이다. 외부의 작은 자극에도 쉽게 반응한다.

- **리듬감 이용** : 라디오 광고에서 많이 사용된다. 더 오래 기억되도록 언어에 높낮이를 준다.
  예) "청정원~"
- **음악의 사용** : 노래로 불리게 되면 메시지를 보다 쉽게 되살려낸다
  예) "xxxxx 대학을 다니고, 나의 성공시대 시작됐다."
- **반복 광고** : 동일한 광고를 여러 차례 듣다 보면 단기기억이 장기기억으로 옮겨간다.
  예) "대리운전 1588-xxxx"을 반복하는 광고

인간의 기억은 한 번 입력된 정보를 단기기억 속에 머물게 하다가 곧 제거하지만, 유사한 자극을 계속 주면 이전의 단기기억

을 다시 되살려 장기기억으로 옮겨가게 됩니다. 반복해서 입력되는 기억을 중요한 정보로 인지하고 오래도록 기억에 남긴다는 의미입니다. 그러니 류호정이 정의당 내의 공식행사에서 눈에 띄는 옷이 아니라 어두운 색 정장을 일관되게 입는 것은 이상할 것이 없습니다. 정의당 내부에는 본인의 이름을 장기기억시킬 필요가 없기 때문입니다.

단기기억은 처리 가능한 정보량이 제한적이지만 관련된 정보들을 하나의 정보 단위로 묶을 수 있다면 기억 능력은 증가합니다. 이를테면, 어떤 빵을 먹었는데 '맛있다'는 감각을 느꼈다고 가정해 봅시다. 빵 껍질에 쓰여 있는 빵집이 처음 보는 브랜드라면 어떤 빵을 먹고 맛있었는지 쉽게 잊어버리지만 광고나 경험을 통해 이미 알고 있었던 브랜드라면 '특정 브랜드의 맛있는 빵'이라고 더 오래 우리의 뇌가 기억합니다. 한 번 '맛있다'는 느낌을 받고 이후 잊더라도 시간이 많이 지나지 않은 시점에서 다시한 번 먹어보고 '맛있다'는 느낌을 다시 받는다면, 이전에 먹었던 기억을 되살려 더 오래도록 기억할 수 있습니다. 이것이 우리 뇌가 단기기억을 장기기억으로 옮기는 과정입니다. 반면, 다시 오랜 기간 그 빵을 먹는 경험을 하지 않는다면 단기기억은 망각되고 말 것입니다. 단기기억을 장기기억으로 보내는 여러 방법들은 우리의 뇌가 더 중요한 정보를 쉽게 저장하는 방법으로, 여러분들이 학습을 할 때에도 큰 도움이 될 것입니다. 바로, '반복학습'입니다.

　기업은 자사의 제품을 고객의 장기기억 속에 집어넣기 위해
필사적인 노력을 합니다. 라디오 광고를 매일 같은 시간에 집행
하며 같은 로고송을 들려준다든지, 제품에 이야기를 넣어 고객
이 상상하도록 자극한다든지, 기존의 익숙한 이미지에 제품을
투사하여 연상을 하도록 돕는다든지 하는 방식입니다.

호감도보다 먼저 인지도

　류호정은 지지기반인 '여성, 청년, 부당해고 노동자'를 대표하
며 국회의원이 되었지만, 정의당의 1번 타자인 그에게는 더 많은
지지자를 확보해야 할 역할이 부여됩니다. 하지만 STP 전략을
활용한 작은 집단의 공략은 빠르고 성공적이었으나 지지층의 확
장은 다른 차원의 과제입니다.

　고객 커뮤니케이션의 궁극적 목표는 "더 많은 고객에게 더 좋
은 이미지로 기억되기"입니다. 즉 제품의 "인지도와 호감도"를
축적하는 과정입니다. "유명해져라, 그러면 똥을 싸도 사람들에
게 박수를 받을 것이다." 라는 문장은 호감도와 인지도를 동시
에 보유한 무형의 자산이 얼마나 강력한 힘을 가졌는지를 표현

합니다.

하지만 이는 많은 돈과 노력, 그리고 꾸준한 시간을 필요로 합니다. 대기업마저도 상당한 자원을 써 가며 연예인을 광고모델로 기용한다거나 사회공헌 활동, 구매 고객의 만족도 바이럴 등등으로 인지도와 호감도를 높이고자 합니다. 그런데 자원과 역량이 부족한 류호정이나 스타트업이 둘 모두를 빠른 시간 내에 해내기는 쉽지 않은 과제입니다. 둘 중 우선순위를 택해야 합니다.

호감도를 먼저 높이고 입소문을 통해 인지도를 쌓는 방식은 가장 이상적입니다. 이를테면 질 좋은 제품을 저렴한 가격에 내놓는다면 광고가 없더라도 시간이 흐르며 사용자들의 입소문을 타고 언젠가는 많은 고객들에게 전해질 것입니다. 제품의 대체재가 없고 시간과 자원이 충분하다면 호감도를 먼저 높이고 꾸준히 시장 점유율을 높이는 것은 모범 답안과도 같은 방법입니다.

하지만 이 방법은 시간이 너무 많이 소요되는 단점이 있습니다. 그 사이에 우리 제품을 벤치마킹한 다른 회사의 제품이 더 큰 자본력으로 우리 제품보다 더 빨리 인지도와 호감도를 쌓을 수 있습니다. 반면 인지도를 충분히 높인 후 나중에 호감도를 높이는 전략은 속도가 빠를 수 있습니다. "일단 똥을 싸라. 그러면 유명해질 것이다."라는 문장이 표현하는 바입니다. 대중은 사느라 바빠서 과거를 빠르게 잊고, 의외로 쉽게 용서합니다.

류호정은 호감도보다 인지도를 먼저 높이는 전략을 선택했습니다. 여러 논란을 일으키며 비례 1번으로 당선되었을 때부터 비호감도가 높았으며 소속 정당의 지지율이 갈수록 낮아지는 상황에서 의도한 듯 인지도를 높이기 위한 바이럴을 만들고 스스로 확산시킵니다. 그 과정에서 지지층 외 계층의 비호감이 확산되어도 염려하지 않았습니다. 일단 유명해지는 것이 첫 번째 목표였습니다.

출처 : 류호정 의원 페이스북

대중에게 쉽게 각인되기 위한 다양한 이벤트를 만들고, 본인의 장기인 '코스프레'와 같은 시각적 장치들을 최대한 활용한다거나 아무도 고 박원순 시장의 조문 여부를 묻지 않았는데도 "조문을 하지 않겠다"는 공식 발표를 하는 등 논란을 일으키며 여러 방식으로 언론에 노출을 시도합니다. 사진과 영상을 찍기에 좋은 구도를 미리 준비하고 언론에서 가십으로 다루기에 상당히 좋은 소재를 간결하게 표현합니다.

시장에서 논란을 만들며 이를 오히려 마케팅의 기회로 삼은 대표적인 스타트업으로 승차 공유 서비스 우버Uber가 있습니다. 수많은 스타트업 중 유독 말썽이 많은 기업이었습니다. 미국이나 우리나라뿐만 아니라 세계 각국에서 택시 사업자와의 마찰을 빚었고 드라이버의 지위 관련한 법적인 문제를 일으켰습니다. 제도권 내에서 어렵게 면허를 획득했던 택시 사업자 등 많은 이해관계자들이 우버 철수를 외치며 항의했습니다. 미국에서는 택시 운전사들이 줄지어 자살하는 일까지 있었습니다.

이러한 버즈들을 언론들이 다루며 소비자들은 우버의 서비스를 오히려 더 쉽고 빠르게 알게 되었습니다. 일단 사건/사고들로 문제아처럼 대중들에게 알려졌지만, 갈등을 보도하는 과정에서 우버가 어떤 서비스이며 왜 많은 고객들이 이용하는지를 자연스럽게 알릴 수 있었습니다. 서비스를 인지한 소비자들이 먼저 우버를 이용해보며 우버의 성장을 가속화 시켰습니다. 시작은 말썽꾸러기였지만 이후 다양한 마찰을 해결해 가며 호감도도 높아져 미국은 물론, 세계 승차 공유 시장을 장악했던 것입니다.

김현미

집값 상승이
내 탓이라고?

귀인이론

귀인 이론

여러분들은 우리나라 역대 국토교통부 또는 건설교통부장관 중에서 이름을 알고 있는 사람이 몇 명이나 있나요? 추정컨대 한 사람을 댈 수 있다면 김현미 전 장관일 것이고, 여러 이름을 댈 수 있다고 해도 '김현미'라는 이름이 포함되어 있을 확률이 높습니다. 김현미는 문재인 정부 각료 중에서도 가장 높은 국민들의 인지도를 가지고 있었습니다. 호감도와는 별개로 말이지요.

많은 이들은 김현미를 '주택가격 폭등의 주요 원인'으로 기억합니다만, 물론 김현미는 이런 평가에 대해 억울하게 생각할 수도 있겠습니다.

그가 국토교통부장관으로 취임하기 직전까지 부동산은 오랜 안정기를 거쳐 소득 대비 저평가가 심화된 상황이었고 취임 이후 저금리가 지속되었습니다. 때마침 무역수지 흑자폭이 커져 현금 유입이 많아졌는데, 예상치 못했던 코로나 팬데믹으로 인한 양적 완화로 금리는 더더욱 낮아지고 빠른 시간 동안 시중에 돈이 풀리게 됩니다. 국민들은 감염병의 영향으로 집에 머무르는 시간이 늘어나며 더 쾌적한 주택을 원하는 욕구가 커졌고, 집에만 있으니 여행, 외식, 의류, 화장품 등 소비재의 지출이 줄어 저축이 증가하고 주택 구매에 투입할 수 있는 여력이 늘었습니다. 그래서 코로나 팬데믹은 우리나라뿐만 아니라 전 세계적으로 주택가격의 상승을 추동했습니다. 주택뿐만 아니라 주식, 원자재 등 다른 자산 또한 많이 올랐습니다.

주택도 시장에서 거래되므로 수요와 공급이 만나는 지점에서 가격이 생성됩니다. 대내외 환경으로 인한 폭등과 폭락은 종종 벌어지는 일이었습니다. 역대 정부 중 국가가 개입하여 주택가격을 잡은 정책이 성공한 사례는 손에 꼽을 정도입니다. 노태우 정부 시절 신도시 개발로 인한 200만 호 주택 보급으로 10여 년 동안 주택가격을 안정시켰던 사례와 공공재인 그린벨트를 풀어 서울에 대규모 주택 공급을 한 이명박 정부 정도가 해방 이후 주택가격을 효과적으로 안정시켰을 뿐입니다. 이를 제외한 거의 모든 정부에서는 주택가격을 올리거나 내리기보다 '안정'시키는 것을 가장 중요한 목표로 챙겼고, 가격이 너무 떨어지면 부양책을, 너무 많이 오르면 각종 규제를 시장에 투사했습니다.

김현미로서는 주택가격이 자꾸 오르니 다양한 부동산 규제 정책을 선보였었던 것이고, 그럼에도 불구하고 대내외 상황과 구매자의 심리 등으로 계속 상승하여 무려 26번의 규제 정책을 내놓기에 이릅니다. 많은 이들의 비판에도 불구하고, 김현미는 주택가격 상승기에 하필 그 자리에 있었고, 이에 대응한 규제 정책을 실시하지 않았더라면 더 많이 올랐을지도 모른다는 주장은 타당합니다. 그래서 실패한 관료라는 평가에 대해 본인은 억울할지도 모르겠습니다.

그런 이유인지 한때, 2022년 지방선거에서 연고지인 전북 지사에 출마한다는 소문이 돌기도 했었습니다. 그 소문을 들은 국민들은 참 눈치도 없다며 손가락질을 했고, 당시 더불어민주당 박지현 비상대책위원장도 전 정부에서 부동산 정책 등 논란이 있던 사람은 지방선거에 공천하지 않겠다고 천명, 결국 출마하지 않았(못했)습니다.

주택가격의 유례없는 장기간 폭등이 김현미의 탓인지, 그렇지 않은지, 영향을 미쳤다면 그 책임은 어느 정도인지에 대한 역사적 경제적 평가는 아직 이루어지지 않았습니다. 다만 다음과 같은 사실들은 문재인 정부의 부동산 폭등에 김현미의 책임이 적지 않음을 알려줍니다.

1. 전 세계적 대도시의 부동산이 모두 크게 올랐지만, 그 오름 폭은 서울을 비롯한 우리나라가 훨씬 큽니다.

사실, 통계적으로 각 국가의 주택가격 산정기준은 모두 다르기에 같은 잣대로 비교하기는 어려운 면이 있습니다. 우리나라는 '아파트'라는 표준화된 규격의 주택 비중이 시세가 비교적 표준화 되어 형성되고, 어제 팔린 옆집의 가격이 오늘 판매할 집의 가격에 영향을 많이 미칩니다.

그러나 우리 통계는 이를 계산하는 방법이 우리의 상식과 조금 다릅니다. 예를 들어, 100세대의 동일 평형 A라는 아파트가 이전 달에 1억 원에 거래가 되었고 그 다음 거래가 2억 원에 되었다면, 우리는 '이 아파트가 1억 원이 올랐구나' 하고 생각을 하기 쉽습니다. 하지만 주택가격 통계는 그렇게 산출하지 않습니다. 한 건의 거래가 이상한 거래일 수도 있고, 그 다음 거래는 1.5억 원에 다시 거래될 수도 있으니, 이를 보정하여 배분하는 방식입니다. 이 방식에 따르면 실제 상승이나 하락보다 변동폭이 적게 잡힐 수밖에 없습니다. 분명, 우리 동네 집값은 최근 수 억 원이 오른 채로 거래가 되었고 내가 다시 그 집을 사려고 해도 최근 거래 가격을 기준으로 삼는데, 언론에서 접하는 통계는 한두 자리 숫자로밖에 보이지 않는 것은 이런 이런 이유가 있기 때문입니다.

이러한 방식은 실제 주택 거래의 상황을 잘 반영하지 못한다는 비판도 있습니다만 한두 건의 이상 거래로 인한 가격의 급격한 변동을 보정하여 부동산의 총액을 물가 상승률의 자료로 활용할 수 있는 등 또 나름의 장점과 합리적인 통계 작성 목적이 있습니다. 반면 대단지 아파트가 많지 않은 해외 다른 나라들은 주택가격의 등락을 주택 대출의 담보금액 산출을 목적으로 산출합니다. 우리나라와는 달리 실거래가 DB가 없으며 표준화되지 않은 여러 집의 가치를 산정하므로 시장에서 거래되는 가격보다는 감정평가금액을 근거 자료로 삼습니다. 주택가격 변동률을 계산하는 것은 매우 복잡하여 이 책에서 설명드리기 어렵습니다. 사실, 저도 100% 이해하고 있다고 자신할 수는 없으므로 심도 있게 알고 싶은 분들은 주택금융공사의 연구 자료를 참조하시기 바랍니다.

그럼에도 전국의 주택 거래 추이는 어느 정도 비교가 가능한 방법이 있습니다. 국가가 집계한 공식 통계는 아니지만, 집단 지성을 이용한 전 세계 물가 비교 사이트를 활용하여 주택가격 변동을 짐작할 수 있습니다. '넘베오'라는 사이트입니다. 각국에 사는 사용자들이 버스 요금과 같은 생활물가부터 식료품 등 마트 물가, 소득 등을 시시콜콜하게 데이터를 제공하고 집계하여 만드는 사이트입니다. 각종 생활 물가들이 거의 정확하게 입력되어 있어, 주택가격 또한 정확성이 높다고 볼 수 있습니다. 비교 대상은 도시 중심가와 교외의 아파트의 평당 가격입니다. 서울의 중심가라면 강남 지역을, 교외라면 대략 노원이나 은평, 금천 구 정도를 생각할 수 있겠습니다. 넘베오에 따르면 서울 강남의 33평 아파트 값이 2016년 12.7억 원에서 2020년 21억 원으로 상승한 것으로, 서울 외곽은 5억 원에서 11억 원으로 상승한 것으로 계산되니, 우리가 체감하는 가격 상승과 얼추 맞습니다.

㎡당 USD	2016		2020		상승률	
	중심가	교외	중심가	교외	중심가	교외
홍콩	23,784	14,452	31,943	20,276	34%	40%
뉴욕	12,807	7,727	16,583	7,664	29%	-1%
런던	22,678	11,617	14,008	7,143	-38%	-39%
파리	10,785	6,735	13,546	10,219	26%	52%
LA	5,007	3,434	8,832	6,074	76%	77%
도쿄	11,444	5,744	12,977	6,904	13%	20%
서울	10,562	4,213	17,383	8,995	65%	113%
서울 33평 (억 원)	12.7	5.0	20.8	10.8		

주요 선진국 도시의 주택가격 변동 현황 (출처 : https://www.numbeo.com)

　다른 도시들 또한 같은 기준으로 작성된 이 통계에 따르면, 2016년부터 2020년까지 전 세계적으로 대도시 주택가격이 크게 상승한 것은 맞습니다. 하지만 서울의 상승률은 세계의 다른 대도시를 압도합니다. 이 기간 동안 서울의 주택가격은 뉴욕, 런던, 파리, LA, 도쿄 등 세계적인 도시를 추월한 것으로 나타납니다.

2. 주택가격 상승의 인과관계가 되었던 김현미의 정책이 몇 개가 있습니다. 도입 목적은 주택가격 안정과 임대인 보호 등이었으나 부작용을 고려하지 못해 실패하였고 이 법들이 도입된 이후 오히려 가격이 많이 올랐습니다.

임대사업자 법

임대 시장을 안정시키고자 임대사업자에게 세제 혜택을 주고 8년간 보유하도록 하는 법이었습니다. 임대인들을 보호하고자 하는 목적을 가지고 시행되었지만 현실적으로는 시장에 나올 수 있는 매물들을 오랫동안 묶어두어 기축 주택의 공급을 축소키는 부작용을 불러옵니다. 그리고 결국 임기말 실패를 인정하고 임대사업자법을 폐지하며 그간 주었던 혜택을 모두 회수합니다.

분양가 상한제

고분양가의 신축 주택이 인근 지역 전체의 주택가격을 자극한다고 판단, 분양가를 일정 금액 이상으로 받지 못하도록 합니다. 채산성을 맞추지 못한 건설사들이 신규 분양을 미루거나 축소하며 공급이 줄어들었습니다.

재건축 억제

소득 수준이 증가하며 교통 좋은 곳의 신축 아파트를 선호하는 수요가 증가했습니다만 재건축 초과이익환수제, 기부채납 등의 다양한 정책으로 재건축을 해도 채산성이 나오기 어렵도록 했습니다. 재건축이 중단되며 공급이 축소되었고, 서울 중심가의 새 아파트들은 더더욱 많이 올랐습니다. 게다가 재건축이 예정된 집에서는 집주인이 2년을 의무적으로 거주해야 하는 법이 도입되어, 타지에 살고 있던 집주인이 세입자를 내보내고 거주하거나 자녀를 세대 분리시켜 그 집에 거주하도록 하였습니다. 오래된 집이지만 좋은 위치에서 저렴한 가격에 거주하던 세입자들은 많이들 쫓겨났습니다. 1인가구가 급속히 증가하였고, 덕분에 서울의 주택 수는 변함이 없는데 서울 거주 인구가 계속 감소하는 원인이 됩니다.

양도세 강화

집을 팔고 이사를 가고자 해도, 기존 주택을 판 후 양도세를 내고 나면 같은 수준의 집으로 이사를 갈 수 없게 되었습니다. 많은 이들이 집을 파는 것을 미루거나 아예 높은 가격에 내놔 거래가 적어집니다. 거래량이 적어지니 수요와 공급에 미스 매칭이 발생하고 마침 불어온 저금리로 주택가격 상승으로 이어집니다.

임대차 3법

세입자가 2년을 거주한 후 세입자의 선택에 따라 2년을 5% 이

내의 상승만으로 더 거주할 수 있게 하는 법입니다. 일견 세입자의 거주 기간을 늘려 세입자를 보호한 것처럼 보이지만, 역시 일시적인 수급 미스 매칭이 발생하여 이 시기 전세가격이 갑자기 큰 폭으로 오릅니다. 오른 전세가격은 다시 매매가격을 밀어 올렸습니다. 국민들의 불만이 본격적으로 터져 나온 것이 대략 이 시점이었습니다.

마지막으로 가장 중요한 실책이 있습니다. 김현미는 취임사에서부터 현 주택가격이 높은 원인은 소수의 다주택 투기꾼 때문이며 이를 엄격하게 단속하겠다고 장담을 했습니다. 이후부터도 "지금 집을 파시는 게 좋겠다", "집을 팔 기회를 드리겠다" 등 다양한 발언을 통해 주택가격 안정을 시사했습니다.

국가의 주요 정책을 결정할 수 있는 관료의 입에서 나오는 발언들은 그 무게가 적지 않습니다. 많은 국민들이 장관의 발언을 믿고 정부가 언제 투기꾼을 잡아 주택가격이 안정되지 않을까 기대하며 주택 구매를 미루었습니다. 그러나 그런 일은 임기 중 일어나지 않았습니다. 주택가격 상승 자체보다, 호언장담이 문제였습니다.

정책의 효과와는 관계없이 일관성을 지키지 못하고 우왕좌왕했던 것도 문제였습니다. 정부 출범 초기에 임대사업자 등록을 독려하여 정책에 따랐는데, 3년 만에 투기꾼 적폐로 낙인을 찍었습니다. 높은 세금을 부과하겠다며 다주택자에게 주택을 처분하라고 했는데, 그 말을 들었던 이들은 팔았던 집들이 크게 오르는 모습을 지켜만 봐야 했습니다. 그리고 정권 말에는 다시, 관련 세금을 줄이겠다는 정책의 변화를 시사합니다. 정부의 정책은 국민들에게 놀림감이 됩니다.

좀 더 시간이 흐르고 역사가 다시 판단을 하겠지만, 이 책을 쓰고 있는 2022년 6월의 시점에서 보자면, 다수의 국민들이 김 전 장관의 실패를 원망하고 있는 것으로 보입니다. 민주당의 2021년 서울, 부산시장 보궐선거, 2022년 20대 대통령선거, 2022년 제8회 동시 지방선거 등 여러 선거 패배의 주요 원인 중 부동산 가격 폭등을 빼놓을 수 있는 분석은 그리 많지 않습니다.

실패한 부동산 정책은 여러 사회적 부작용을 낳았습니다. 국민들은 바늘 구멍 같은 청약에 한 번 당첨되는 것이 평생 열심히 일해서 버는 돈보다 더 큰 것을 알게 되었습니다. 열심히 일하는 것보다 커다란 리스크를 감내하고 갭 투자를 잘 하는 것으로 더 큰 부를 빨리 얻는 것을 본 국민들은 허탈감에 빠질 수밖에 없었습니다. "내가 그때 집을 사자고 했는데 네가 말렸잖아." "왜 오르지도 않을 집을 구매했냐?"며 배우자를 탓하기도 했고, 더 좋은 기회를 얻고자 전 국민이 부동산 공부를 하는 열풍이 불었습니다.

상승한 주택가격을 보며 적시에 구매하지 않았던 자신을 탓하던 국민들이 (이렇듯 문제가 발생 시 그 책임의 원인을 나에게 돌리는 것을 '내적 귀인'이라고 한다.) 그 원인을 다른 곳에서 하나씩 찾아내기 시작했고, 어느 순간이 되자 여전히 "다주택 투기꾼을 잡아 주택가격은 안정될 것이니 좀 더 기다렸다가 양질의 주택을 구매하시라"며 발표하는 정책마다 헛발질을 하는 정부에 책임을 돌립니다. (이렇듯 발생한 문제의 책임의 원인을 외부 환경에 돌리는 것을 '외적 귀인'이라고 한다.)

고위 관료의 발언이 비웃음거리가 되며 정부 정책이 신뢰를 잃고 있는 와중에도 문재인 대통령은 김현미를 이 정부 최장수 장관으로 유임하며 전폭적 신뢰를 보냅니다. 게다가 정부 고위 관료들이 다주택 보유자였다거나 임대차3법 시행을 앞두고 집주인인 정치인이 전세가격 상승을 미리 예상하고 높은 가격에 재계약했던 사건이나 LH공사 직원들이 내부 정보를 이용하여 투기에 가담한 사건 등등이 밝혀져 국민들의 분노가 폭발합니다. 이때부터 민주당은 선거에서 패배하기 시작합니다.

초반에 언급했듯 주택가격의 폭등에는 김현미의 실책만 있는 것은 아닙니다. 다양한 내외부 환경 요인들이 얽혀 일어난 결과입니다.

하지만 많은 국민들은 그 책임에 있어 많은 부분이 김현미와 문재인 정부에 있다고 인지합니다. 만약에 김현미가 "주택가격을 꼭 안정시키겠다"는 다짐과 발언을 하지 않고 시장에 좀 덜 깊이 개입했다거나, 정책을 실행하기 전에 전문가 간담회, 여론 수렴 등의 과정을 좀 더 많이 공개적으로 거쳐서 당위성을 획득했더라면 여러 상황으로 부동산이 폭등했더라도 정부를 원망하지는 않았을 것입니다.

20세기 들어 우리나라의 부동산 시장에는 여러 차례 폭등이 있었습니다. 70~80년대의 집값 상승은 지금 못지않았고, IMF 직후 2000년 초반 김대중 정부에서도 주택가격은 크게 올랐습니다. 하지만 국민들은 정부를 탓하지 않았습니다. 건설부장관의 이름을 기억하고 저주하는 이도 없습니다.

주택가격 상승으로 국민들의 미움을 사게 된 사례는 이승만과 6.25 전쟁을 통해 보면 이해하기가 쉬울 것 같습니다. 전쟁을 일으킨 것은 북한이었습니다. 전쟁 발발의 원인이 이승만에게 있었던 것은 아닙니다. 북한의 침략을 미리 대비하고 전쟁을 막을 수 있었다면 더 좋았겠지만 기본적으로 전쟁 책임은 기습 남침을 감행한 북한에 있습니다. 그래서 국민들은 전쟁이 일어났다고 이승만을 원망하지는 않았습니다. 그러나 전쟁이 발발한 직후 "서울을 끝까지 지키겠다"며 국민들을 현혹한 뒤 한강 다리를 끊고 혼자 도망쳐 내려갔던 대응 행위가 문제였습니다. 전황이 불리하다면 국민들에게 이를 알리고 피난 시간을 주었어야 했고, 죽음을 각오하고 서울을 사수할 생각이었으면 실제 그렇게 했었어야 합니다. 여러 세대가 지났지만 우리 국민들은 이 사건을 잊지 않고, 역사는 이승만을 '거짓말쟁이 도망자'로 기억합니다.

김현미의 가장 큰 실책은 부동산 폭등 그 자체라기보다는 지키지 못한 호언장담으로 정부 정책의 신뢰 상실, 정책의 일관성을 지키지 못한 점 등으로 보는 것이 더 타당합니다.

한편, '부동산 폭등'이라는 복잡한 변수가 얽힌 사건에서 김현미가 모든 원인을 뒤집어 쓴 원흉으로 비난 받는 이유는 국민들이 주택가격 상승의 원인을 추론할 때 여러 외부 환경의 영향력을 보다 작게 인식하고 (할인 원리) 정부의 정책(조장적 원인)을 크게 인지하여 김현미에게 주요 원인을 뒤집어씌우는 (증분원리) 인과관계 추론 방식을 제공한 탓이 큽니다.

김현미가 '주택가격 폭등이 내 탓만은 아니다'며 억울해 한다고 해도 인간의 인지 구조가 바뀌지 않는 한 소용 없습니다. 본인이 감내해야 할 몫입니다.

휴대폰을 떨어뜨려 액정이 깨졌다고 가정해 봅니다. 그 원인이 내가 떨어뜨린 실수 때문인지, 원래 액정이 약하게 설계되어 있는 탓인지, 혹은 둘 다 원인이라면 그 중 어느 원인이 더 결정적

인지 분명하게 밝히기는 어려운 일입니다. 그런데 만약 깨진 휴대폰이 튼튼하기로 소문난 브랜드의 제품이었다면 내 실수(내적 귀인)라고 원인을 자신에게 돌리는 이들이 많을 것이고, 평소에도 내구성이 약하기로 소문난 브랜드였다면 설사 고객의 실수가 더 컸더라도 파손의 원인을 나의 실수보다는 제품 탓으로 돌리며(외적 귀인) 회사를 원망하고 역시 그럴 줄 알았다며 이후에는 그 회사의 제품을 구매하지 않는 이들이 더 많아집니다.

주택가격 폭등이 꼭 김현미 탓만은 아니듯 우리 브랜드가 원래 내구성이 약하다는 이미지를 갖고 있는 이유로 고객의 실수로 인한 파손책임을 뒤집어쓰는 것은 억울한 일입니다.

하지만 어떤 이유로든 '내구성이 약하다는 이미지'를 갖는 것 자체로, 이미 기업은 큰 손해를 보고 있는 것입니다. 따라서 기업은 제품을 출시 후 고객의 다양한 반응을 수시로 조사하고 소비자가 어떤 불만족을 갖고 있는지 파악하여 제품의 개선과 마케팅 전략에 반영해야 합니다. 양방향 소통을 통해 고객의 반응을 좀 더 기민하게 감지해야 합니다. 만약 문제가 발생하면 그것이 기업의 귀책 여부를 빠르게 판단하고 기업의 문제가 맞다면 사태가 더 커지기 전에 사과하고 보상을 하여 피해를 최소화해야 합니다. 반면 기업의 잘못이 아니라면 기업도 어쩔 수 없었다는 점을 진솔하게 소통한다면 소비자들도 기업을 원망하며 불매하지 않습니다.

액정은 원래 약하기도 하고 소비자가 실수를 했을 때 깨지기도 합니다. 회사에서는 파손사건 발생 시 고객 탓으로만 돌리기보다 액정보호 필름을 출시 때부터 붙여 준다든지 좀 더 고강도의 글라스 부품을 채용하며 고객에게 어필하는 방법, 파손수리보험 상품을 제안하는 등의 섬세한 소통이 있어야 합니다. 아울러, 고객들에게 휴대폰에 충격을 주지 않도록 미리 안내하고 강조하며 다양한 품질경영 정책으로 우리 제품은 내구성이 뛰어나다는 걸 알리는 고객 커뮤니케이션이 필요합니다.

국민들이 부동산 상승의 책임을 정부에 귀인하기 시작했던 시점은 문재인 대통령이 "전국 집값이 안정되고 있다. 부동산 문제 자신 있다"는 현실 파악이 전혀 안 된 황당한 발언을 했던 TV 생방송 '국민과의 대화'(2019년 11월 19일)였습니다. 김현미와 민주당이 집권 중 '귀인이론'과 '공변이론'에 대해 알고 있었더라면, 부동산 가격이 여러 외부 상황 상 어쩔 수 없음을 있는 그대로 소통하고 이를 함께 해결할 방안을 전문가들과 함께 찾아갈 수 있었을 것입니다.

그러나 연일 상승하는 주택가격 상승에도 문제의식을 느끼지 못하는 한편 통계청장을 경질시키는 엇나간 대책으로 국민의 신뢰를 잃었고, 이는 정권 반납의 계기가 되었습니다.

귀인 이론

상식 심리학

소비자는 자신의 상식에 따라 어떤 결과에 대한 원인을 찾으려 노력함. 그에 따라 결과의 원인을 개인에게 돌리기도 하고 외부 환경에 돌리기도 함.

- **내적 귀인** : 현상의 원인을 내 스스로에게서 찾음.
- **외적 귀인** : 현상의 원인을 외부 환경에서 찾음.

공변 이론

어떤 사건의 발생에서 인과관계를 추론하기 위하여 관련 정보를 관찰하여 입장을 정한다는 이론으로, 통합 원리와 공변 원리가 있음.

- **통합 원리** : 소비자는 한 번의 관찰을 기억 속의 과거 경험에 대입하여 인과 추론을 하는 방식.

- **할인 원리** : 어떤 원인이 특정한 결과를 유발했을 가능성이 있어도 만일 다른 가능한 원인들도 동시에 존재한다면, 지목한 그 원인의 책임을 덜어주는 인과관계 추론 방식.

  예) 이 휴대폰은 원래 액정이 좀 약하기는 하지만, 내가 떨어뜨린 잘못이 있으니 어쩔 수 없지….

- **증분 원리** : 여러 원인으로 어떤 결과가 발생하였을 때, 그 결과의 원인을 억제적 원인 보다 조장적 원인에 의해 발생하였을 것으로 추정하는 인과 추론 방식.

  예) 이 회사는 내구성이 뛰어난 제품으로 유명한 회사이니(조장적 원인), 액정이 깨진 것은 원래 제품이 약하기(억제적 원인)보다는 내 실수 탓이 더 클 거야.

허경영

충동구매로
지갑을 열어라

관여도에 따른 마케팅 전략,
충동구매 유형과 전략

관여도와 소비자의 선택

우리나라 국민들의 정치에 대한 관심도는 다른 나라와 비교해도 매우 높습니다. 실제적인 영향력과는 별개로 자신이 정치에 영향을 미칠 수 있다는 경험을 가지고 있습니다. 실제로 투표의 힘은 강하고, 정치인들은 이를 두려워합니다. 민심은 변화무쌍하며 무능하거나 부패한 정부는 유권자의 선택을 받지 못합니다. 투표로도 안 되면 거리로 뛰쳐나와 목숨을 걸고 대규모 시위를 펼치기도 합니다. 이승만과 박근혜가 그렇게 물러났고, 서슬 퍼런 군부독재마저도 끊임없는 대중 시위에 견제를 당했습니다. 이렇게 멋진 민주주의 역사가 세계에 또 있을까 싶습니다.

정치에 관심을 가지고 있는 국민이 많은 데 반해 먹고 사는 데 바빠 정치에 그렇게 관심을 많이 둘 수 없는 분들도 많습니다. 특

정한 사건이나 언론의 한 줄 보도만 보고 상황을 파악해버린다
거나 후보자의 사소한 공약 하나에 투표를 하는 분들부터 고향
이 같아서, 동문이어서, 심지어 후보자의 인물이 잘생겨서와 같
이 별 것 아닌 이유로 투표하시는 분들도 현실 세계에서는 적지
않습니다.

　열성 지지자의 한 표나 공약을 요모조모 따져보고 제일 좋은
후보를 골라 투표하는 한 표나 큰 관심과 생각 없는 지지자가 주
는 한 표의 무게는 정확히 같습니다. 따라서 후보들은 정치에 관
심 많은 시민들을 타깃으로 치밀하게 전략을 세우고 공약을 만드
는 것과 동시에 정치에 별 관심이 없는 투표자의 눈길을 사는 선
거 캠페인도 합니다. 대규모 인력을 동원하여 노래를 만들어 틀
고 다니고 율동을 하는 등의 선거 유세가 이런 이유입니다.
　특정 대상에 관심을 얼마나 기울이는가를 마케팅에서는 '관여
도'라는 단어로 표현합니다. 소비자가 구매 전 다양한 정보들을
취합하여 복잡한 의사결정 과정을 통해 구매를 결정하는 제품을
'고관여', 아무 생각 없이 구매하는 대상을 '저관여' 제품이라고
합니다.

　허경영의 캠페인은 저관여 유권자들을 타깃팅 하는 제품의 마
케팅과 맥이 닿는 면이 많습니다. 깊이 고민하고 비교해가며 깐

깐하게 고르는 유권자보다 짧은 시간 내에 간단하게 의사결정을 하는 유권자에게 다가서기 위해 노출을 늘리고 짧고 간결한 메시지를 전달하며 소비자가 얻을 수 있는 구체적인 이익을 소구합니다. 허경영은 비록 선거에서 당선될만한 지지율은 아니지만 저관여 유권자를 타깃팅, 독특하고 선명한 공약을 내걸며 본인이 선거에 출마하며 목표로 했던 많은 것들을 달성합니다.

허경영의 차별화된 선거 캠페인 전략을 저관여 마케팅 전략에 대비해보며 하나씩 살펴보겠습니다.

우선 꾸준하게 대중의 관심을 유지하는 '노출' 전략입니다.

그는 1987년부터 각종 선거에 꾸준히 출마합니다. 노래를 만들어 음반을 발매하고 '내 눈을 바라보면 병을 고칠 수 있다'는 장난 같은 주장을 합니다. 선거 공약은 '결혼 시 1억 원 지급', '국회의원 삼청 교육대 보내기'와 같이 황당한 것들입니다.

하지만 또 영 말이 안 되는 것도 아닙니다. 삶에 팍팍한 국민들이라면, 한 번쯤 상상을 해볼 수도 있는 것들입니다. 심지어 데뷔 초기에 주장했던 몇몇 공약은 오랜 시간이 지나 우리나라가 복지국가로 발전하면서 실현된 것들도 있습니다. 이런 것이 가능하냐는 질문에는 "국가에 돈이 없는 것이 아니라 도둑놈이 많은 것입니다." 라며 유권자들이 듣고 싶은 말을 해 줍니다. 선거철이 아닐 때에도 국민들이 꾸준히 본인을 회상할 수 있도록 '공중부양', '내 눈을 바라 봐. 너의 병이 나을 거고 시험에 합격할 거야.' 같은 식의 바이럴을 퍼뜨리며 본인의 기행을 노출, 존재감을 끊임없이 과시합니다.

대선 전략도 독특합니다. 국민 아무에게나 랜덤으로 전화를 걸어 녹음된 음성을 들려주는 방식을 선도적으로 도입합니다. 스팸 전화처럼 짜증스러울 수도 있지만, 정치에 관심이 크지 않은 계층들은 메이저 후보들이 이야기하는 가치나 비전, 복잡한 사회문제의 해결 방안(중심 단서)보다 허 후보의 짧은 전화나 짧고 쉬운 메시지 노출과 같이 자주 노출되며 짧은 시간에 반복적인 메시지 전달(주변 단서)에 친숙도를 높이기도 합니다. 처음에는 이상한 전략이라 생각했지만 그 효과가 검증되었는지 최근 선거에서는 많은 후보자들이 이를 벤치마킹하여 실행했습니다. 100명에게 전화해서 한 표라도 얻을 수 있다면 투입 예산에 대비해 괜찮은 전략입니다. 국민들이 스팸 전화에 시달리며 그 효과가 점점 감소하고 있으므로 이제 허경영은 참신한 다른 선거 캠페인을 도출해낼 것입니다.

"스팸 전화를 받고 투표하는 사람이 어디 있냐?"는 의문에, 소비자행동이론은 저관여 소비자들에게 이러한 반복적 노출이 효과가 있음을 증명합니다. 라디오에서 같은 내용의 광고를 매일 같은 시간 반복해서 듣는다거나 스팸처럼 보이는 인터넷 배너 광고들에 지속적으로 노출되면, 구매 결정의 순간에 그 광고를 회상하여 제품을 좀 더 익숙하게 느끼게 되는 현상과 같은 원리입니다.

기존 정치인 중 마음에 드는 후보를 찾지 못한 유권자들은 기꺼이 이 재미있는 후보에게 표를 줍니다. 꾸준히 인지도를 높여가며 허경영의 득표율은 상승세를 보입니다. 처음 출마한 1997년 대선에서는 3만 9천 표를 득표하는 데 그쳤으나 2022년에 치러진 20대 대선에서는 여론조사 기간 중 정의당의 심상정 후보를 일시적으로 앞서기도 했으며, 최종 28만 표를 받으면서 더 이상 소수 후보로 무시할 수 없는 입지를 다집니다. 2022년 20대 대선에서 윤석열 당선자와 2위 이재명 후보의 표 차이가 24만 7천 표였음을 상기한다면, 허경영이 얻은 표의 숫자가 얼마나 대단한지 새삼 이해할 수 있습니다.

허경영의 역대 선거 결과

연도	1997	2007	2020	2021	2022
선거명	15대 대선	17대 대선	21대 총선	재보선	20대 대선
득표수	39,055	96,756	200,657	52,107	281,481
득표율	0.15%	0.40%	0.71%	1.07%	0.83%

저관여 제품의 구매 결정 과정을, 늦게까지 야근을 하고 퇴근 후 편의점에서 피로회복 음료를 구매하는 상황으로 설정하고 찬찬히 짚어봅니다. 천 원 내외의 피로회복 음료 한 잔을 마셨다고 해서 몸 상태가 드라마틱하게 개선된다고 생각하는 이는 드물 것입니다.

소비자는 음료를 구매하고 마셨을 때 구체적인 신체의 변화를 기대하기보다는 기분을 전환하고 몸에 좋은 것을 마셨다는 사실 자체를 느끼고 싶은 경우가 더 많습니다. 야근으로 이미 지친 상태이므로 실제로 그 제품에 어떤 성분이 어느 정도 들어 있는지를 꼼꼼히 따지고 비교하기보다는 눈에 쉽게 띄는 몇몇 제품 중 광고에서 보았던 이미지, 제품의 포장에 쓰여 있는 단순하고 명료한 메시지 등을 보고 빠르게 결정하고 싶습니다. 저가 제품 구매이므로 길게 생각하는 대신 눈앞에 보이는 것 중 괜찮아 보이는 것을 고릅니다. 이때 우리 뇌는 무의식적으로 포장지에 쓰여 있는 문구 중 예전에 누군가에게 들은 적이 있거나 광고 등을 통해 한 번이라도 본 적이 있는 제품에 좀 더 눈길을 주게 됩니다. 그렇게 구매해서 한 번 먹어보고 맛이 괜찮으면 기억했다가 다음번에도 큰 고민 없이 다시 구매하고, 영 맛이 없으면 다른 제품을 고르는 식의 의사 결정을 합니다.

이러한 소비자의 구매 상황과 의사결정 과정을 익히 알고 있는 피로회복제 제조사들은 자사의 제품을 조금이라도 더 눈에 띄기 쉬운 곳에 진열하기 위해 치열하게 노력을 합니다. 소비자들은 잘 모르고 있지만 이를 위한 제조사 영업사원들의 노력은 눈물겨울 정도입니다. 또한 눈에 잘 띄는 색깔, 짧은 시간에 고객의 눈길을 끌 수 있는 문구 등으로 포장재를 디자인합니다. 대상 제품에 대한 지식이나 관심이 크지 않은 고객들이 호감을 가질 수 있도록 광고를 통해 같은 메시지를 반복해서 보여주거나 들려줌으로써 소비자에게는 얕은 수준의 인지가 형성되도록 합니다. 진열된 여러 제품 중 한 번이라도 광고 등을 통해 접해본 제품을 선택할 확률이 높다는 연구와 경험에서 나온 전략입니다.

관여도에 따른 문제 해결 유형과 마케팅 전략

소비자의 구매의사 결정 과정은 크게 4가지의 유형으로 구분된다.
고관여 구매일수록 더 복잡하고 다양한 대안을 고려하고, 저관여 구매자는 일
상적인 충동구매도 한다. 이를테면 자동차나 노트북을 구매 시 사양을 꼼꼼히
살펴보고 여러 모델을 비교해 보지만 더운 여름 편의점에서 음료수를 산다면
별 고민 없이 예전에 먹어 보았던 것 중 괜찮았던 것을 사거나 눈에 보이는 것
중 대충 괜찮아 보이는 제품을 고르는 행동이다.

탐색 과정	문제해결 방식	설명
내적 + 외적	포괄적	중요한 의사결정일 경우, 많은 노력과 시간, 정보를 모아 신중하게 결정한다.
	제한적	포괄적 문제해결보다는 적지만 역시 많은 정보를 탐색하여 문제를 해결한다. 문제가 비교적 간단한 경우에 해당한다.
내적	일상적	예전에 만족했던 경험을 떠올려 곧바로 문제를 해결한다.
	회상적	경험한 적은 없지만, 광고나 구전을 통한 간접경험을 떠올리며 문제를 해결한다.

반면 고관여 제품은, 저관여 제품처럼 어디선가 익숙하게 들어
봤던 제품이 눈에 보인다고 해서 "한 번 써보지 뭐.'라고 쉽게 구
매 결정을 하지는 않습니다. 고가의 자동차나 노트북을 산다고
가정을 해보면 이해가 쉽겠습니다. 한 번 잘못 구매하면 오랜 기
간 불편함을 느끼게 되니 대개는 구매 전에 최대한 꼼꼼히 따져
보고 비교하고 매장에서 만져보고 작동을 해본 후 구매 결정을
합니다. 즉 저관여 제품이 '일단 한번 써 보고' 그 다음 좋은지 싫

은지 태도를 정하는 경우가 많은 반면 고관여 제품은 '복잡한 의사결정 과정'을 통해서 제품을 좋아하는지 그렇지 않은지 태도를 먼저 정한 이후 구매 행동을 합니다. 그래서 저관여 제품은 일단 한 번 구매하도록 이미지화 하는 경우가 많고, 고관여 제품은 제품에 대한 자세한 설명을 소비자에게 알리기 위해 상세한 정보를 제공하는 경우가 많습니다.

관여도는 제품보다 소비자의 구매력에 따라 달라지는 경우도 허다합니다. 소중한 용돈 천 원으로 아이스크림을 신중하게 고르는 초등학생이라면 고관여 소비이고, 십억 원짜리 스포츠카라도 충동구매를 하는 재벌 회장이 있다면 이는 저관여 소비입니다.

충동구매

구매 의도가 없거나 계획하지 않았는데 진열된 상품이나 광고를 보고 순간적인 감정으로 구매하는 비계획적 행동을 충동구매라고 합니다. 충동구매는 주로 불쾌한 기분에서 벗어나기 위한 수단으로 활용되며, 행동 즉시 행복감을 주지만 텅 빈 지갑을 보며 구매 행동 후 후회를 불러오기도 합니다.

허경영의 선거캠페인 타깃인 '정치에 관심이 없고 기성 정치인들에게 불신이 큰 국민'은 충동구매가 목표로 하는 고객의 특

성과 유사합니다. 허경영이 이들을 공략하는 방법도 '쉽고 직접
적이며 구체적인 구매 성과의 설득'이라는 충동구매자의 구매
절차를 차용합니다.

2022년도 20대 대선 벽보에 한 줄로 요약된 후보들의 메시지
를 보겠습니다.

출처: 선거관리위원회 홈페이지

- 타 후보들이 '유능한', '내일을 바꾸는', '과학경제 강국' 등
  등의 가치와 비가시적인 구호 위주의 문구를 활용한 것에
  비하면, 허경영의 메시지는 쉽고 명확하며 직접적이고 구
  체적입니다.

• 허경영은 포스터에서 붉은 글씨로 '1억 원 지급', '150만 원 평생 보장'이라고 약속합니다. 상단에는 "국가에 돈이 없는 것이 아니라 도둑놈이 많습니다." 라는 설득 문구를 넣었습니다. 추상적인 단어와 어려운 기술보다 이 제품을 선택하면 당신에게 어떤 직접적인 이익이 있는지를 구체적으로 이끌어내는 (예를 들면, 1+1, 40% 할인 등) 충동구매를 유도하는 매장 POP 표시 전략과 같습니다. 기호 3번 심상정 후보의 '주 4일제 복지국가' 정도를 제외하면, 이보다 선명하고 구체적이며 쉬운 공약을 내건 이는 아무도 없습니다.

• 충동구매에도 종류가 있습니다. 여러 유형 중 허경영이 던지는 메시지는 '계획적 충동구매'를 유도하는 것입니다. 투표는 민주시민으로서 꼭 해야 하는 것으로 배웠으니 투표소로 발을 옮기지만 여전히 마음에 드는 후보를 정하지 못 한 유권자들이 생각보다 많습니다. 선거의 종류나 상황에 따라 다르지만 2022년 치러진 20대 대선은 좋아하는 후보를 뽑기보다 덜 싫어하는 후보를 뽑는 유권자들이 많았습니다. 두 후보 모두를 선택하기 싫어서 아예 투표를 포기하거나 투표소까지 가서까지도 지지후보를 결정하지 못 한 부동층의 비율이 생각보다 높았습니다.

허경영은 이들에게 제안을 합니다. "나라에 돈이 없는 것이 아니라 도둑놈이 많은 것입니다." 가뜩이나 유력 후보들이 마음에 안 드는데, 이런 문구를 보면 정치인들은 다 나쁜 놈들 같습니다. 그리고 보니 이전에도 허경영의 여러 공약들에 한 번쯤은 관심을 가져본 분들고 있을 겁니다. 투표를 포기하기에는 마음이 개운하지 않고 가뜩이나 거대 양당의 기성 정치인들에게 지루함을 느낀 부동층은, 충동적으로 아예 어처구니없게도 당선 가능성이 없는 후보에게 표를 던지는 확률을 갖게 됩니다.

박근혜와 문재인이 격돌한 2012년의 18대 대선 결과를 바탕으로 선거 직전까지 투표할 후보를 정하지 못했다는 부동층의 비율에 관한 연구 결과가 있어 인용을 해봅니다. 양당의 지지기반은 탄탄했고, 부동층이 적은 선거였습니다.

투표 결정 시기

	빈도	%
투표일 1개월 전 이상	580	50.4
후보자 공식등록 전후	245	21.3
투표일 1주일 이내	326	28.4
합계	1151	100.0

출처 : 유권자들의 지지후보 결정 시기에 관한 연구 : 인구사회학적 속성, 정치성향, 미디어 이용을 중심으로, (이동규, 고려대학교 언론대학원, 2013)

연구결과에 따르면, 양당을 지지하는 콘크리트 지지층이 존재했던 그 선거에서조차 투표일 1주일 이내까지 지지후보를 정하지 못했다는 비중이 무려 28.4%에 이른다는 조사를 보여줍니다. 생각보다 많은 국민들이 정치에 관심이 많지 않고, 유권자의 마음은 투표 직전까지 쉽게 바뀐다는 걸 알 수 있습니다.

 충동구매를 가장 잘 이해하고 이 분야에 최고의 전문성을 보유하며 효과적으로 활용하는 매체가 있습니다. TV 홈쇼핑입니다. TV 홈쇼핑은 고객의 진입부터 우연적입니다. 홈쇼핑을 위해 해당 채널에 들어가기보다 쇼핑할 의도가 거의 없는 상태에서 리모컨으로 채널을 돌리다가 홈쇼핑 채널에 눈길이 머물며 계획하지 않은 소비로 이어집니다. 홈쇼핑 회사는 소비자가 채널을 넘기는 찰나의 순간을 놓치지 않고, 머물고 몰입하게 만들며 결국 구매로 이어지도록 하기 위해 소비자들의 감정과 뇌의 지각 능력을 이용합니다. 충동구매를 이끌어내는 TV 홈쇼핑의 많은 노하우와 전문성, 창의적이고 다양한 전략 중 대표적으로 활용되는 몇 가지를 짚어봅니다.

제품의 반복 노출
 같은 제품을 반복해서 보여주면 우리의 뇌는 그 제품에 익숙함과 편안함을 느끼게 됩니다. 긴장이 없는 상태에서 소파에 비스듬히 누워 화면에 나오는 제품을 지속해서 바라보면, 화면 속의 제품들이 마치 원래부터 당연히 내 것이었던 것 같은 친근한 느낌이 듭니다. 이 감각은 뇌가 지출 시 발생할 손해를 고통으로 인지하지 못하게 유도하고, 다양한 결제 수단이 생긴 덕분에 지갑에서 현금을 꺼내는 절차가 없어 반복 노출은 우리를 충동구매로 인도합니다.

평소 눈여겨보았던 제품을 제안

홈쇼핑에 등장하는 제품들은 이전에도 다양한 광고를 통해 소비자에게 노출되었던 상품일 확률이 높습니다. 어디서 한 번 쯤 본 것 같은데 자세하게 설명을 해 주니 더 신뢰가 갑니다. 예전에 어디선가 잠시 보았던 익숙한 제품인데, 이번 기회에 저렴하게 구매하면 진짜 내 것이 될 수 있는 좋은 기회입니다.

갑작스러운 할인 제안

지금 당장 필요하지는 않은데 언젠가는 필요할 수도 있을 것 같습니다. 그런데 막상 필요한 순간에 구매하면 가격이 비쌀 것 같지만 지금 당장 사야 더 많은 혜택을 준다, 마감시간이 얼마 남지 않았다, 주문이 폭주하여 매진이 될 수도 있다며 마음을 급하게 만듭니다. 실제로 미끼상품으로 내놓은 몇 제품은 일찍 매진을 시켜버립니다. 지금 구매해야 최소의 지출로 최고의 효용을 얻을 수 있다는 쇼 호스트의 설득이 영 틀린 말만은 아닌 것 같습니다.

기분 전환

소비를 하면 기분이 좋아집니다. '시발 비용'(직장에서 스트레스를 많이 받았을 때 쇼핑을 하며 해소하는 비용), '보복 소비'(코로나 등 외부 환경 요인으로 소비가 제한되었을 때, 이를 한순간에 발산)와 같이 기분 전환을 위한 쇼핑의 용어가 있을 정도입니다. 이외에 사람들은 쇼핑을 실제 필요한 물건을 사는 목적만큼이나 사회적 접촉, 기분 전환 등으로도 활용합니다. 물론 카드 명세서를 받았을 때 기분이 나빠지기는 하겠지만 이는 미래의 나에게 닥칠 일이므로 구매 시점에서는 고려하지 않기로 합니다.

허경영이 왜 당선 가능성이 희박한 선거에서 실현 가능성이 거의 없는 구호를 내세우며 출마하는지를 아는 이들은 많지 않습니다. 수차례의 선거법 위반, 허위사실 유포 등으로 여러 차례 법의 제재를 받으며 논란을 일으키기도 합니다. 만약 진짜 당선이 되어 현실 정치인으로 데뷔를 한다면 세상을 바꾸어야겠다는 소명 의식과 숨겨진 역량을 발휘하여 일견 이상해 보이는 공약을 실현시키며 우리의 삶을 바꾸어 줄 정치인으로 살아갈 수 있을지도 모르겠습니다. 당선 경험이 없으니 알 수 없는 일입니다.

다만 허경영의 본업은 '강연업'이며, 이는 선거에서 쌓은 높은 인지도를 활용하여 시너지를 내기에 유리한 업종입니다. 실제로 그의 강연업은 날로 성장하였고, 득표율과 비례하여 고객이 크게 늘어납니다. 정치인으로 데뷔하기 위한 자금 마련을 위해 강연업을 활용하는지, 강연을 통해 정치인으로 성공하여 세상을 바꾸고 싶은 것인지는 알 수 없습니다. 우리는 그저 허경영의 선거 캠페인을 통해 충동구매의 유형과 사례를 공부할 뿐입니다.

충동구매의 유형

순수한 충동구매
가장 일반적인 충동구매다. 마음을 사로잡는 물건이 눈에 보이고 큰 부담도 없어 지갑을 열어 구매한다.

회상적 충동구매
구매 계획은 없었지만 구매 시점에서 과거에 보았던 광고를 기억하며 필요한 물건을 구매하는 행동이다.

제안형 충동구매
점포의 할인 POP 등을 보고 구매를 전혀 고려하지 않았던 품목을 갑자기 필요할 것 같은 생각이 들면 구매한다.

계획적 충동구매
세일행사 기간 또는 할인 쿠폰이 생겼을 때 특정한 품목이나 상표를 정하지 않고 점포를 방문하여 할인/쿠폰 적용 품목 중 구매한다.

박근혜

탁월한 마케터가
불량품을 히트시켰을 때

컬러마케팅, 4P, 기대 불일치 이론,
구매 후 부조화, 소비자의 불평 행동

컬러 마케팅

이명박의 압도적인 우세로 싱겁게 끝난 2007년 17대 대선과는 달리 2012년 18대 대선은 새누리당의 박근혜와 민주당 문재인이 선거운동 기간 내내 여론조사에서 오차범위를 벗어나지 않았던 박빙의 선거였습니다.

박근혜는 같은 당 이명박 대통령이 재임 중 쌓은 이미지 중 긍정적인 부분과 지지층은 물려받으면서도 그와는 차별화된 신선함을 증명해야 했습니다.

박근혜와 문재인의 지지기반은 확연한 차이를 보였습니다.

박근혜의 지지층 중에는 아버지인 박정희 전 대통령의 향수를 가진 영남 지역, 보수 성향을 가진 중노년층들이 많았습니다. 그러나 이들의 표만으로는 당선에 모자랍니다. 선거에 이기기 위해서는 신규 지지층 -청년, 수도권, 호남, 여성 등-을 개척해야 할 필요가 있었습니다. 적어 놓고 보면 쉬워 보이지만 이미 집권 중인 여당의 후보로 전임 대통령과 차별화하며 새롭고 혁신적인 이미지를 구축하며 새로운 계층에게 신선함을 어필하는 것은 상당히 어려운 과제입니다. 신규 지지층을 공략하다가 기존 지지자들의 실망을 살 위험도 있습니다.

그래도 박근혜는 기존 지지층의 결집을 강화하기보다 신규 지지층의 확보에 좀 더 자원을 투입하기로 결정합니다. 기존 지지층은 충성도가 높아 어지간해서는 흔들리지 않는다는 자신감이 있었기에 가능한 전략 방향입니다. 취약한 연령대를 공략하기 위해 '경제 민주화'와 같이 민주당보다도 더 진보적인 개념을 전면에 내세웠고, '무상 보육'과 같은 상대 당에서도 내놓기 부담스러운 파격적인 공약을 내겁니다. 박빙의 상황에서는 '한반도 대운하', '공공기관 민영화'와 같은 국민 다수가 반대했던 전임 이명박의 정책 기조를 파기해야 했고, 압도적인 승리가 예상될 때 제시할 수 있는 보수 진영의 요구에 맞는 공약들보다는 많은 유권자가 두루 지지할 수 있는 공약을 제시합니다.

이 중 당시 박근혜 공약의 핵심 키워드였던 '창조 경제'와 '문화 융성'은 이후 문재인 정부까지 이어지는 정부의 핵심 과제로 연결되며 시대를 선도한 정책이라 평가가 됩니다. 10여 년의 시간이 지난 현재 되돌아보면, 이제 우리나라의 창업 생태계와 국가의 지원은 여느 선진국보다 훨씬 앞서 있으며, 그 성과로 K-드라마, K-POP, K-Movie, K-웹툰 등 대중문화가 전 세계를 휩쓸고 있습니다. 이 대단한 성취를 위한 공헌에서 박근혜의 기여도를 정확히 측정하는 것은 불가능하지만 2012년에 비전을 수립하였고 10여 년 후 실현된 선후 관계를 짚어보자면, 분명 적지 않은 기여도가 있다고 보는 것이 타당합니다.

이외에도 여전까지 민주당의 전유물이었던 복지 공약을 더욱 꼼꼼하게 구성해, 민주당과 비교해도 차별점을 찾기 어려울 수준으로까지 끌어 올렸습니다.

"박근혜가 공이 있다고?"라고 의아하게 여기실 독자를 위해서 혹시나 하는 마음에 언급하고 갑니다. 박근혜는 범죄를 저지르고 대통령에서 탄핵당한 인물입니다. 대한민국 최고의 헌법기관인 헌법재판소가 그렇게 판결하였습니다. 시간이 많이 흐른 훗날, 역사가 다른 판단을 내릴지 여부는 알 수 없으나 이 글을 쓰는 2022년이라는 시점에서 보면 박근혜가 실패한 대통령이라는 대한민국 사법부의 판결은 유효합니다.

다만 실패한 대통령이라도 그가 실행한 수많은 정책 중 성공한 것도 있어 배우고 계승할 만한 가치가 있습니다. 반대로 온 국민의 사랑을 받고 성공한 정치인이라 해도 그가 신이 아닌 이상 재임 중 잘하지 못한 정책이 있을 수 있습니다. 그렇다면 우리는 그것을 반면교사로 삼아 배우면 됩니다. 박근혜의 정책 중 스타트업을 집중 육성하고 창업 활성화를 위한 기반을 조성한 정책 방향은 후임 대통령인 문재인도 이를 계승 발전시켰습니다. 두 대통령의 노력과 정성으로 10여 년의 세월이 흐른 지금 시점에서 좋은 결실들이 우리의 오늘과 내일을 풍요롭게 해 줍니다. 이 책은 정치인의 공과 과를 냉정하게 비평하기보다 여러 정치인의 행적을 통해 마케팅 전략을 학습하고자 함을 다시 한 번 강조하고자 합니다.

다시 2012년의 선거 캠페인으로 돌아갑니다. 이렇게 구성한 공약을 국민들에게 널리 알리는 과정에서 마케터들이 참조할만한 참신하고 파격적 시도가 여럿 있었습니다. 이번 장에서는 그중 가장 성공적이었던 '붉은색 마케팅'을 다루어 봅니다.

붉은색은 전통적으로 우리 민족에게 친근한 색이었음에도 불구하고 해방 후 현재까지 남한 정치권에서 붉은 색을 사용하는 것은 금기시 되어 왔습니다. 공산당의 정치적 상징 색깔이라고 여겼기 때문입니다. 그 동안 보수당은 주로 푸른색을, 민주당 계열은 초록색이나 노란색 계열을 사용해 왔는데, 색깔론은 국민들 중 전쟁을 경험한 세대가 적지 않게 생존해 있는 상황이고, '레드 컴플렉스'가 실존하여 주로 보수당 계열에서 민주당을 공격할 때 활용하던 전략이었습니다.

그런데 박근혜는 2012년 2월 당명을 한나라당에서 '새누리당'으로 바꾸고 기존의 푸른색 대신 붉은색을 도입합니다. 그해 12월 대통령 선거캠페인의 시작은 사실상 이때부터 시작이었습니다.

붉은색은 대중 소통에 사용할 때 여러 장점이 있습니다. 나치나 공산당 등 대중의 선동에 능했던 집단들이 괜히 붉은색을 즐겨 사용했던 것이 아닙니다.

붉은색은 열정과 젊음, 역동성을 뜻하는 색입니다. 유연함, 변화 등을 상징합니다. 다수 대중들이 모여 있는 곳에서 붉은색은 자극성과 충동성을 강화합니다. 그래서 군중집회에서 쓰는 문구는 붉은색이 많고, 붉은 악마를 비롯한 응원단들이 붉은색을 즐겨 사용합니다.

붉은색은 젊음을 상징하는 색깔입니다. 당시 박근혜의 주요 지지기반이 박정희 전 대통령에 대한 향수를 가지고 있던 중노년층들이었다는 것을 감안하면, 새로운 지지기반으로 젊은 층을 공략하고자 하는 의지를 읽을 수 있습니다.

한편, 기존 지지층의 충성도는 매우 강고하여 젊은이들을 타깃팅 한다고 박근혜를 배반하지는 않습니다. 사실은 노인들도 젊음의 이미지를 좋아합니다. 노인들을 대상으로 한 여러 제품들이 노인의 상징색인 은색보다 붉은색과 같이 젊은 색이 더 많은 것을 확인할 수 있습니다. 박근혜는 산업화와 구세대의 상징과도 같은 박정희의 딸이었고, 권위주의와 귀족적 이미지가 있었습니다. 지지기반을 늘리기 위해 취약한 계층인 청년들에게 좀 더 친근하게 접근할 필요가 있었습니다.

박근혜는 청년층의 마음을 사로잡고자 손수조, 이준석과 같은 청년층을 선거본부에 영입하고 다양한 상징물들을 활용합니다. 도깨비 같이 생긴, 'ㅂㄱㅎ' 붉은 말풍선은 지금에 와서 보면 조금 이상해 보이지만 당시에도 여전히 이상한 상징물들이었습니다. 정확히 무슨 의도로 만들었는지는 여전히 알 수 없으나 웃고 있는 표정으로 보아 젊은층에게 친근하게 다가가려는 의도는 알겠습니다.

붉은색은 대중적이며 상업적인 색깔입니다. 상점에서 소비자의 눈길을 사로잡기 위해 사용하는 색깔이고 주목도를 높이기 위해 채용합니다. 대통령의 딸로 태어나 고생 없이 자라고 정치인이 된 후에도 모든 선거에서 승리하며 탄탄대로를 달려온 박근혜는 귀족적인 이미지가 있을 수밖에 없었습니다. 고급스러운 이미지는 다수 대중에게 표를 받아야 하는 정치인들에게 긍정적인 이미지는 아닙니다. 전임 이명박, 노무현 모두 서민 가정에서 자라나 가난을 극복한 서사로 국민들에게 감동을 주고자 했던 것처럼 박근혜도 난관 극복의 서사가 필요했습니다. 그래서 어린 나이에 부모를 총탄에 잃은 '비극의 소녀 가장' 서사를 만들어 대중과 함께 하며 사회적 약자들을 만나는 모습을 보여주며 따뜻한 모습을 집중 조명합니다. 유권자의 감성에 호소하는 이런 장면에는 따뜻한 색깔인 붉은색이 유리한 것이 당연합니다.

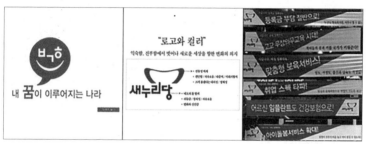

붉은색을 이용한 대선 슬로건   붉은색 로고의 컬러와 의미   시인성 좋은 붉은색에 간결한 메시지를 활용, 눈길을 사로잡는 현수막

붉은색은 여성의 색깔이기도 합니다. 헌정 사상 최초로 여성 대통령에 도전하던 박근혜에게 가장 잘 어울리는 색입니다. 붉은 바탕에서 따뜻하게 웃고 있는 사진만으로도 힐링이 된다고 고백하는 어르신들도 많이 있었습니다. 그들에게 박근혜는 대통령 후보보다 열정을 바쳐 일하던 젊은 날을 연상시키기는 소재였습니다.

붉은색은 따뜻하고 세심하며 감성적인 색채입니다. 당시 토목,

건축 등 남성적 이미지를 강하게 풍기던 같은 당 이명박 대통령의 파란색과 차별화를 줄 수 있습니다.

2002 승리의 상징인 붉은 물결의 거리가
아직 기억에 있을 때 붉은색을 차용함.

크리스마스 분위기가 한창인 붉은 거리와
어울리는 붉은색을 활용한 선거운동

전쟁이 끝나고 60년의 시간이 흘러 두 번의 세대가 지나며 이제 많은 국민들이 붉은색에 대한 거부감을 내려놓는 시기가 되었습니다. 설사 붉은색을 통해 공산당을 연상하는 이가 있다고 해도, 이 색을 채용한 이는 빨갱이로 공격을 받을 소지가 없는 박근혜입니다. 오히려 반대 세력마저도 포용할 수 있다는 확장성을 보여줄 수 있는 좋은 색깔입니다.

무엇보다 선거는 12월에 치러집니다. 그 즈음 거리의 상점들은 크리스마스와 산타클로스를 상징하는 붉은색으로 온통 뒤덮입니다. 판매하는 제품에 긍정적인 이미지를 주기 위한 데코레이션들은 박근혜와 새누리당을 연상시키며 익숙함, 반가움, 축제 등 긍정적인 이미지를 온 세상이 함께 강화해 줍니다.

위와 같은 이유로 붉은색은 많은 기업들이 선호하는 색입니다. LG, SK 등 소비자를 대상으로 하는 여러 기업들이 붉은색의 주목도와 명료한 이미지를 채용, 기업의 색깔을 바꾸었습니다. 2002년 월드컵 축구는 또 어떤가요. 18대 대선이 치러진 2012년은 온 국민이 붉은 악마로 하나가 되었던 감동이 아직 잔향처럼 남아 있던 시기였습니다. 누구인지는 모르겠지만 이 시기 박근혜에게 붉은색을 추천했던 마케터의 과감함과 유능함이 반짝입니다.

길거리에서 빠르게 찾아야 하는 점포,
붉은 색상은 큰 장점
*사진 출처 : SK이노뉴스

배고플 때 더 본능에 충실하게 되는 인간의 욕구
를 자극, 패스트푸드점에 유독 붉은색이 많다.
* 사진 출처 : 각사 홈페이지

기업은 회사의 이미지나 간판뿐만 아니라 제품의 성격과 활용 상황에 따라 다양한 컬러 마케팅을 활용합니다. 대기업의 냉장고를 예로 들어봅니다.

냉장고는 전통적으로 '백색가전'의 대명사였습니다. 흰색은 '위생'을 상징하는 대표적인 색깔이고, 신뢰와 평화, 안정감의 상징입니다. 오래 봐도 질리지 않는 색입니다. 병원의 상징적인 색상이며 건물 외벽, 자동차에 흰색이 가장 인기 있는 이유이기도 합니다. 냉장고처럼 주방에서 가장 크고, 가장 오랫동안 같은 자리에 서 있으면서도 시원하고 신선한 느낌을 주는 제품에게 흰색은 최적의 컬러이므로 오랜 세월 냉장고는 흰색이었습니다.

21세기가 되며 가전제품의 기능과 내구성이 상향 평준화됩니다. 웬만한 메이저 제조사들의 제품은 품질에서 차별화하기 어려워집니다. 그래서 이즈음 가전 제조사들은 새로운 차별화 포인트로 디자인을 찾습니다. 예전에는 기능과 내구성이 좋은 제품이 잘 팔렸지만 21세기로 들어서며 예쁜 전자제품들이 잘 팔리기 시작합니다. 그 중 냉장고는 외형을 차별화하기 어려운 제품이므로, 디자인을 위해 다양한 색상을 입히려는 시도가 많이 있었습니다.

2007년, 삼성전자와 LG전자는 각각 유색 냉장고를 시장에 선보입니다. 삼성은 당시 세계 최고 수준의 한국인 디자이너 '앙드레 김'의 상징 문양을 넣은 냉장고를, LG전자는 다이아몬드를 박은 냉장고를 출시하여 중동과 중국의 부자들을 타깃팅 합니다. 둘 다 고가의 냉장고였고 특히, 중국의 부자들이 좋아한다는 레드 컬러를 활용했습니다. 이 제품들은 처음 보는 순간에는 고급스러운 느낌으로 고객의 관심을 끌었습니다. 흰색 제품들이 줄지어 서 있는 냉장고 매장에서, 붉은색은 한눈에 확실한 존재감을 드러냅니다. 출시 초반 판매량도 나쁘지 않았습니다.

그러나 시간이 지난 후에 다시 보면 구형 느낌이 많이 들게 된다는 것을 아래의 사진을 보시면 쉽게 동의할 것입니다. 게다가 붉은색은 '열'과 '불'의 상징입니다. 냉장고나 에어컨 등 시원한 이미지를 주어야 하는 제품과는 결이 맞지 않습니다. 꼭 색깔 때문만은 아니겠지만 두 제품 모두 결국 흥행에 성공하지 못하고 오래지 않아 단종이 되었습니다.

삼성전자, 앙드레김 냉장고 (2007)

LG 다이아몬드 냉장고 (2007)

색깔과는 별개로, LG 다이아몬드 냉장고의 실패 사례는 이

채롭습니다. 일반 가정에서 냉장고는 주로 가정주부나 가족들이 이용하는 반면, 중동이나 중국에서 초고가 가전제품을 구매할 수 있는 부잣집에서는 가사 도우미가 주로 활용하는 제품입니다. 고가 제품은 본인이 사용하고 방문객에게 자랑을 할 수 있어야 하는데, 그렇지 않은 제품에 굳이 다이아몬드를 넣을 필요까지는 없었던 것입니다. 고가의 유색 냉장고를 구매하던 소비자들은 결국 백색 냉장고로 돌아와 지금까지도 냉장고는 백색이 대세를 이룹니다.

또 다시 세월이 흘러 2020년 즈음 가전 제조사들은 색깔을 입힌 냉장고에 도전합니다. 기능이나 내구성에서 빠른 진보가 이루어지지 않는 제품군에서 디자인으로 차별화하기 위한 노력은 끊임이 없습니다. 이번에는 제조사가 정해놓은 색상의 제품을 선택하게 하기보다 소비자들이 직접 색깔을 선택할 수 있도록 하는 맞춤형 가전들이었습니다. 진한 원색보다 파스텔톤을 노입합니다. 이번에는 수요가 적지 않았습니다. 코로나19가 촉매가 된 외부 환경이 맞춤형 외장 냉장고의 수요를 늘려 주었습니다.

1. 집에서 생활하는 시간이 늘어나며 여행/외식으로 소비하지 못 하는 대신 가전/가구의 교체하는 수요 증가

2. 외식을 하지 못하고 자주 장을 볼 수 없으니, 집에서 조리 음
   식을 해 먹기 위해 좀 더 많은 식자재를 적재하거나 밀키트
   를 보관할만한 더 큰 냉장고로 교체 수요 증가
3. 자재 조달과 물류 운영에 노하우가 생기며 재고 부담과 공
   정의 복잡함을 감내하는 '고객 맞춤형' 제품을 운영할 수 있
   게 된 제조사의 오퍼레이션 역량 향상

삼성전자, 비스포크 냉장고 (2020)　　　　　LG 오브제 컬렉션 냉장고 (2021)

　이러한 다양한 색상의 냉장고들은 지금 보면 참 예쁘고 그래
서 많이 팔리고 있습니다.
　하지만 오랜 시간이 지난 후에도 여전히 고급스럽고 감각적인

느낌을 줄지, 2007년 붉은색 냉장고처럼 시간이 지나면서 식상해져 촌스러운 느낌을 줄지는 아직 모르겠습니다.

다만 유색 냉장고들은 대체로 고가의 프리미엄 가전으로 포지셔닝 되어 있어, 이를 구매한 구매력 좋은 고객들은 만일 어느 정도 시간이 흐른 후에 더 이상 예쁘게 보이지 않는다면 좀 더 부담 없이 교체할 것입니다. 이는 제조사에게도 반가운 일이겠습니다.

색	상징(긍정)	상징(부정)	브랜드 색으로 채용한 업종
빨강	열정, 에너지, 흥분, 열광, 사랑, 생명,	혁명, 위험, 화, 폭발, 공격적	식품, 중저가 의류 등
파랑	신뢰, 스마트, 시원함, 깨끗함, 젊음, 미래	우울, 냉담, 보수, 완고함	자동차, 전자
녹색	평화, 생명, 안전, 건강, 청결, 실용적	무관심, 망상	제약, 친환경
노랑	명랑, 재미, 쾌활, 재미, 영광	미숙, 열등감	유아용품
보라	격식, 귀족적, 신비, 미래, 창의	거만, 권위적	화장품, 여성용품
갈색	친근, 안정적, 신뢰, 현실적	물질적, 도피	명품 브랜드
검정	세련, 고급, 값진, 비쌈	죄, 죽음, 악마, 끝	명품 브랜드
흰색	깨끗함, 평화, 신뢰, 자유, 시작	허무	-

18대 대선에서 박근혜의 승리를 붉은색 때문이라고만은 할 수 없습니다. 수많은 내외부 요인과 사건들이 모여서 만들어진 결과입니다. 하지만 선거운동에 붉은색의 채용이 박근혜의 장점을 확대하는 이미지를 만드는 데 큰 기여를 한 것은 부정하기 어렵습니다. 당시 한나라당의 파란색을 그대로 썼다면 박근혜는 '차가운 공주' 이미지를 벗기가 매우 어려웠을 것입니다.

시간이 많이 흘렀지만 색깔 마케팅 이외에도 당시 대선에서 박근혜의 마케팅 전략을 돌아보면 대단히 과감했던 시도들이 적지 않았습니다. 메시지 하나, 사진 한 장 허투루 사용한 것이 없었습니다. 다시 2012년의 선거를 복기해 보아도, 당시 박근혜의 캠프에는 매우 유능한 마케팅 책임자가 있었음이 분명합니다.

결국은 Product : 4P

일부의 오해와는 달리 대통령 취임 전까지로만 본다면 박근혜는 상당히 영민했습니다. 5선의 국회의원을 역임한 노련한 정치인이고, 신선한 인물들을 발탁해서 쓸 줄 아는 리더였습니다. 단지 '박정희의 딸'이라는 이유만으로 대통령이 된 것이었다면 그의 형제들을 포함, 유명 정치인의 자녀 중 다시 정치인이 되어 크게 성공한 이가 없다는 사실로 반박이 가능합니다. 본인에게 주어진 조건을 냉정히 파악하여 유리하고 현명하게 이용할 줄 아는 것도 능력입니다.

박근혜는 IMF와 차떼기 사건 등으로 다 망해 가는 당을 쇄신했고, 위기의 순간마다 핵심을 찌르는 짧고 쉬운 단어들로 지지층을 결집했습니다. 궁금하신 분들은 2000년대 초반 당 대표 박근혜의 인터뷰나 연설 등을 유튜브에서 찾아보시기 바랍니다. 대통령 박근혜와 동일 인물인가 싶을 정도로 반짝입니다.

그런데 이상하게도 대통령 당선 후 그 총기를 다시 볼 수 없게 됩니다. 시종 무기력했고 게을렀으며 인상적인 리더십을 발휘했던 적이 없었습니다. 야당 대표 시절의 강렬한 카리스마도, 길거리에서 테러를 당한 후 보였던 의연한 모습도 대통령 재임기간 중에는 보여 준 적이 없었습니다.

조리 있던 언어는 어눌해졌고, 핵심을 짚어가며 문제를 해결하던 믿음직스러운 모습은 세월호 사건이라는 국가적 재난 사고 앞에서 "구명조끼를 입었는데 구조가 안 됩니까?"라는 식의 어이없는 질문으로 국민들에게 큰 실망을 주기도 했습니다. 오바마와의 회담에서 질문을 기억하지 못 해 헤매다가 오바마로부터 "Poor president"라는 조롱을 들으며 국제적인 망신을 당하는가 하면, 공식적인 자리에서 이해할 수 없는 어순의 발화로 국민들을 어리둥절하게 합니다.

웃음거리가 된 설정 사진 찍기

"우리의 그 핵심 목표는, 올해 달성해야 될 것은 이것이다 하는 것으로 정신을 차리고 나아가면 우리의 그 어떤 에너지를 분산시키고 해낼 수 있다는 그런 마음을 가지셔야 될 거라고 생각한다."

2015.5.12, 국무회의 중 발언

박근혜가 총기를 잃은 이러한 변화를 두고 많은 분석과 의견이 있었습니다. "대통령이 되어 열심히 일하는 것보다 당선과 청와대 입성 자체가 목적이었으므로, 대통령이 된 후에는 목표를 모두 이루자 열심히 할 의욕을 상실했다"든지, "당선 전 모습이 철저하게 기획된 그림이었다. 원래부터 총명하지 않은 사람이었다. 비선 실세의 조종을 받고 있었다" 등등입니다. 이외에도 무수한 소문들이 저잣거리에 떠돌았으나, 진실은 알 수 없습니다.

박근혜는 당선에 성공했지만 대통령으로서의 직무 수행으로 국민들에게 만족을 주지는 못했습니다. 이는 반짝이는 마케팅으로 빠르게 시장을 장악했지만 제품 품질의 문제로 소비자를 실망시키는 기업의 사례를 떠올리게 합니다. '마케팅 Mix'를 다뤄보며, 하나씩 짚어보겠습니다.

'마케팅 Mix'란 제품을 시장에 선보이고 고객이 선택하는 일련의 과정에서 기업이 구사하는 활동과 전략을 의미합니다. 즉 마케팅 Mix는 마케팅 전략 자체를 의미한다고 해도 과언이 아닐만큼 종합적이며 총체적인 활동입니다. 흔히 Product제품, Price가격, Place지역, Promotion촉진의 4가지로 분류하며, 이를 4P 전략이라고 부릅니다. 이 중 지역은 과거에는 지리적 위치를 뜻했는데, 지역 간 왕래가 활발해지고 교통과 통신의 발달로 지역별 특색이 감소하였으며 도시화와 온라인화가 상당히 진척된 현재는 지리적 위치보다 적합한 고객의 세그먼테이션segmentation과 혼용하는 경우도 많습니다.

4P 전략

제품(Product)

자사의 제품이 충족시켜야 할 고객의 욕구를 정의한다. 음질이 좋은 폰이라면, 별도의 고가의 음원 재생기기 없이도, 이동하면서 좋은 음질로 음악을 듣고 싶은 욕구를 휴대폰 하나로 충족할 수 있는 것이다. 고객의 제품에 대한 만족도는 품질로 확인이 가능하다. 안정적인 제품의 품질이 확보되었다면 고음질폰의 제품 Mix 전략을 확정해야 한다. 삽입되는 RAM, ROM의 용량을 적은 것과 큰 것으로 나누는 등 고객 차별화가 가능한 라인업을 만들어 고객을 공략한다.

가격(Price)

소비자가 고음질폰을 구매하기 위해 지불하는 금액이다. 가격을 결정하는 전략은 여러 가지가 있으며, 지금도 다양한 전략으로 파생되어 구사되고 있다.

유통(Place)

생산된 제품을 소비자에게 전달하는 거래의 과정과 경로다. 유통의 단계가 증가할수록 재고 부담이 줄고 고객이 좀 더 편하게 제품을 받을 수 있는 반면 가격이 상승한다. 유통 단계가 줄면 그 반대일 것이다. 고음질 폰을 회사가 직접 판매한다면 소비자에게 노출하기에 어느 정도 한계가 있지만 유통 비용을 절약할 수 있고, 여러 도매상/소매상을 활용한다면 소비자에게 접촉이 늘어 판매가 쉬워지는 대신 유통 참여자들에게 마진을 주어야 하니 그만큼 가격이 상승한다.

고객의 니즈에 맞는 좋은 제품이나 서비스를 저렴한 가격에 적합한 지역에서 적절한 방법으로 팔면, 너무 당연하게도 잘 팔립니다. 모든 것을 잘하면 좋겠지만 자원과 시간은 한정되어 있습니다. 따라서 이 과정에서 4가지의 큰 요소들을 어떻게 조합할지에 대한 전략을 필요로 합니다. 마케팅 Mix의 각 요소들은 기업의 경영전략과 맞물려 각각의 세부 전략들을 파생합니다. 4P에 대한 내용은 마케팅 교과서의 절반 가까이를 점유할 만큼 양이 방대하고 또 그만큼 중요합니다. 이번 편에서는 기본적인 개념만 다룰 예정으로, 심도 있게 공부하실 분들은 마케팅 기본서를 참조하시기 바랍니다.

회사에서 신기술로, '음질이 가장 좋은' 스마트폰을 개발했다고 가정하고 이를 출시하여 판매하는 상품기획자의 입장이 되어보며 4P Mix 전략을 설명해 봅니다.

가장 먼저 할 일은 STP 분석을 통해 거대한 스마트폰 시장을 잘게 쪼개어 스마트폰으로 음악을 듣는 고객 중 음질을 중요하게 생각하는 가상의 타깃 고객 집단을 정하는 것입니다. 스마트폰으로 음악을 자주 듣는 라이프스타일이라면, 아마도 정적인 일에 집중하기보다 외부 활동이 많을 것이고 고연령보다는 젊은 층이 타깃 집단으로 선정될 확률이 높습니다. 굳이 고음질에 더 많은 비용을 투자할 만큼 구매력도 평균 이상일 것이며, 하루 종일 일을 하거나 공부하는 계층보다는 어느 정도 시간적인 여유를 가지고 있을 것으로 유추할 수 있습니다.

이런 식으로 가설을 세워 타깃 고객을 명확히 좁혀가며, 공통적인 특성을 지닌 고객의 활용 상황과 구매 특성의 시장조사를 합니다. 이 과정을 거쳐 가장 적합한 계층으로 '대학생'과 '자차를 활용하여 이동하는 빈도가 높은 사회 초년생인 젊은 직장인'이 발굴됐다고 가정해 봅니다.

이제 대학생에게 음질이 좋은 스마트폰을 팔기 위한 4P 전략을 아주 간단하게 수립해 봅시다. (간단히 가정했지만, 현실에서는 매우 복잡한 의사 결정과 조사, 연구를 통해 이루어집니다.)

대학생들은 스마트폰을 가장 빈번히 사용하는 계층 중 하나입니다. 제품의 품질과 기본적인 기능은 포기해서는 안 됩니다. 아무리 고음질에 특화된 폰이라도, 저장 용량, 구동 속도, 디자인, 카메라 등 기본 기능과 품질이 타제품 대비 떨어져서는 안 됩니다. 다른 기능들은 경쟁사 대비 동등하게, 음질 기능은 특화되었으며 외부 활동이 많음을 감안하여 내구성에도 좀 더 신경을 쓴다면 이 폰의 가격은 저가로 책정하기가 어렵습니다. 중가에서 고가 사이의 제품으로 출시하여 어느 정도 구매력이 있는 학생들을 타깃으로 합니다. 각 대학 내의 휴대폰점 또는 온라인에서만 독점으로 판매하는 유통 전략을 구사할 수 있겠습니다. 대학생은 다들 온라인에 익숙하니 본사의 온라인 직판도 고려해볼만합니다. 어차피 다른 연령대/계층에서는 많은 고객들이 찾지 않는다 치고, 유통 경로를 단순화하여 유통 마진을 아끼고 소비자 가격을 낮추는 전략입니다. 광고 모델은 대학생에게 인지도가 높은 뮤지션으로 하고, 음악과 관련된 직업을 가졌거나 관련 전공학과 학생에게만 별도의 할인 쿠폰을 제공하여 초기 바이럴을 생성할 수 있겠습니다.

위와 같이, 어떤 제품을 얼마의 가격에, 어떤 유통에서 어떤 방법으로 파는가에 대한 마케팅 전략의 총체를 4P 전략이라고 합니다. 타깃팅한 집단 내에서 우리 회사가 개발한 신제품이 경쟁 제품 대비 어떤 차별점과 우위성이 있는지, 고객에게 소구할 우리 회사 제품만의 기능과 이미지 등을 정의합니다. 4P 전략은 각각의 항목마다 방대한 전략들이 있습니다.

제품을 팔기 위해 고려해야 할 4P의 네 가지 요소 중 중요하지 않은 것은 하나도 없습니다. 다만 그래도 4개 중 가장 중요한 요소를 딱 하나만 꼽는다면 '제품(Product)'일 것입니다. 제품만 좋다면 가격이 좀 비싸고 다루는 유통이 적고 촉진이 별로 없어도 고객들은 결국 구매하고자 합니다. 반면 저렴한 가격에 많은 유통에서 판매하고 멋진 광고를 하는데, 제품의 품질이 불량하다면 결국 실패합니다. 잘못 만든 제품을 많이 팔지 않은 상태에서의 실패라면 그나마 다행입니다. 그런데 하필 유능한 마케터가 있어서 대량의 제품을 판매했는데 하자가 있다면 치명적입니다. 거대한 A/S 비용이 발생하고 수많은 고객에게 부정적인 경험을 남깁니다.

박근혜는 비선실세 사건이 드러나기 전까지 높은 지지율을 유지합니다. 역대 다른 대통령들과 비교해서도 높은 수준일 정도입니다. 핵심 지지층들은 여전히 견고했습니다. 문제의 태블릿이 발견되지 않았더라면, 차라리 대통령이 되지 않았더라면 존경받는 야당 대표로 국민들의 기억 속에 남았을지도 모릅니다.

역대 대통령 중 가장 유능한 마케팅 커뮤니케이션으로 성공하였으나 결국 대통령의 본질적 역량을 보여주지 못함으로써 실패하는 사례로, 박근혜의 실패는 교훈을 줍니다.

대통령별 연도별 지지율 추이

		1년차	2년차	3년차	4년차	5년차	5년 평균
문재인	최고	84	79	71	65	45	69
	최저	63	41	39	29	32	41
박근혜	최고	67	61	54	43	-	56
	최저	41	29	29	4	-	26
이명박	최고	52	47	49	43	29	44
	최저	21	24	44	22	17	26
노무현	최고	60	34	34	27	27	36
	최저	22	23	23	12	16	19
김대중	최고	71	60	54	31	33	50
	최저	56	46	30	27	24	37
김영삼	최고	83	55	37	41	14	46
	최저	59	36	28	28	6	31
노태우	최고	57	45	28	15	-	36
	최저	29	26	18	12	12	19

출처 : 한국갤럽 대통령 직무수행평가

기대 불일치 이론

박근혜는 1998년 재보궐선거로 대구에서 국회의원에 달성된 후 대통령이 되기 전까지 선거에서 져본 적이 없습니다. 소속 정당의 지지율이 낮아질 때마다 등판하여 당을 살려내고 선거에 이겼습니다. '선거의 여왕'이라는 별명을 갖고 있었습니다. 당이 어려움에 처하면 박근혜를 전면에 내세우는 '박근혜 마케팅'은 보수당의 운명을 개척하는 불패의 신화였습니다. 박근혜는 재임 중반기까지도 많은 국민들로부터 지지를 받았지만 탄핵으로 쫓겨나기 직전에는 4%의 지지율을 기록하고 감옥에 갑니다. 정치인 박근혜의 성공과 실패는 극단을 오갑니다.

대선 후보들은 당선이 되기 위해 선거운동 기간 동안 국민들의 이해와 요구를 받아들이고, 많은 부분을 선거공약에 넣어 실현을 약속합니다. '새로운 시대를 열겠다. 모두가 행복한 세상을 만들겠다'며 거창한 비전을 발표합니다. 낮은 자세로 일하겠노라 다짐합니다. 선거라는 공동체 의식을 거친 유권자들의 정치인에 대한 기대치는 높을 수밖에 없습니다.

그러나 국민들은 대통령을 뽑아 놓고도 그냥 놓아두지 않습니다. 그의 국정 수행을 끊임없이 평가합니다. 정치 고관여 국가의 대통령으로서 어쩔 수 없이 받아들여야 하는 숙명입니다. 높은 기대치를 가지고 세계적으로도 높은 교육 수준을 가진 우리 국민들을 지속적으로 만족시키는 것은 여간 어려운 일이 아닐 수 없습니다. 지표로 성과를 증명해야 할 뿐만 아니라 감성적인 지지도 받아야 합니다. 높은 도덕적 기준에 어긋나서도 안 됩니다.

재임 초기 대통령들은 이 높은 기대치를 만족하기 위해 최선을 다합니다. 하지만 사회의 발전과 국민의 성숙과 함께, 어느덧 눈높이는 높아지고, 높아진 기대 수준을 충족하지 못하면 불만이 되어 지지율 하락으로 돌아옵니다.

박근혜는 실질적 역량과는 별개로 지지층에게는 어릴 적부터 대통령이 된 이후까지도 많은 국민들에게 사랑을 받았습니다. 지각된 성과, 즉 다른 대통령들보다 대통령으로서의 국정 수행에 대한 지지층의 기대가 그리 높지 않았음을 의미합니다. 역대 대통령들에 비하여 취임 전 스스로 이룬 성취가 적고 역량이나 성과가 크지 않았음에도 불구하고 지지율은 떨어지지 않았습니다. 박근혜가 청와대에 들어와 있는 것만으로도 위로가 되는 계층들이 실제 존재했습니다. 그들에게는 박근혜가 일을 잘 하든 아니든 둘째 셋째 문제였습니다. 예쁜 옷을 입고 세계 정상들과 만나는 사진으로도 흐뭇함을 느끼는 것입니다. 박근혜를 지지하지 않는 이들은 박근혜 지지자들의 뿌리 깊은 사랑과 그를 바탕으로 한 신뢰의 근원을 이해할 수 없었습니다. 설사 작은 흠이 있더라도 문제 삼지 않는 신뢰와 사랑하는 마음은 머리로 이해되는 것이 아닙니다.

하지만 '국정농단사태'가 터지며 상황은 급변합니다. 콘크리트 같던 지지율은 순식간에 급락합니다. 국민들은 거리로 뛰쳐나와 촛불을 들었으며, 지식인들의 불복종 운동이 줄을 이었습니다. 무한한 신뢰를 보내며 사랑했던 지지자들조차 대통령에게 허용할 수 있는 선을 넘어섰다고 판단했기 때문입니다.

박근혜의 지지율과 탄핵에 이르는 일련의 과정은 고관여 제품을 구매한 후, 나의 선택이 옳았는지를 끊임없이 평가하는 소비자의 '구매 후 만족/불만족' 행동이론과 닮은 점이 많습니다. 럭셔리 세그먼트^{segment}의 자동차 브랜드를 예로 들어 보겠습니다.

고가의 수입차 브랜드를 구매한 고객들은, 설사 제품이 기대에 못 미치더라도 감내할 수 있는 허용선 내에서는 이를 받아들이고 자신의 기대와 일치시키는 경향이 있습니다. 이를테면, 국산차에 비해 A/S가 비싸고 시간이 오래 소요된다고 해도 고급차이니 더 잘 고치려나보다 하며 좀 더 관대하게 넘어가는 경향이 있고, 첨단 기능이 조금 미비하더라도 '아날로그 감성'이라며 자신의 오랜 고민 끝 선택을 부정하지 않기 위해 자위합니다. 이러한 너그러움을 소비자행동이론은 '동화 효과'라고 설명합니다.

그러나 소비자의 인내는 그리 크지 않습니다. 엔진에 불이 난다거나 미션 고장이 고질병처럼 발생하는 등 소비자의 허용 범위를 넘어서는 중대한 결함이 발생했는데 기업이 이에 빠르게 대처하지 않는다면 '기대 불일치'를 경험합니다. 기대가 컸던 만큼 실망도 커져 대중 브랜드의 소비자들보다 훨씬 격렬하게 반응합니다. 그 브랜드 전체에 불신을 갖고 오히려 더욱 적극적인 불만을 표현합니다. 언론에 제보하여 호소하거나 구매 후 기대에 못 미치는 차를 본사 앞에서 부수는 퍼포먼스를 한다든지 하는 극단적인 불만 행동은 국산 대중 브랜드보다 고가의 수입차에서 그 비중이 더 높습니다. 이렇듯 기대에 못 미쳤을 때 소비자가 격렬히 반응하는 것을 '대조효과'라고 합니다.

기대 불일치 이론

소비자의 만족·불만족은, 구매 전 기대와 구매/사용 후 지각된 성과의 일치·불일치 여부에 따라 결정된다.

구매 전 기대
같은 성과를 보이는 제품이라도, 구매 전 기대에 따라 지각된 성과의 크기가 다르며, 이에 따라 다음의 세 가지 효과가 발생함.

동화효과 : 성과가 기대가 다른 경우, 성과를 기대에 동화시킴. 제품의 성과가 좋지 않더라도 구매 전에 기대를 많이 한 제품이라면 초기 기대에 동화시켜 만족함. 성과가 기대만큼 나오지 않았다면 구매 전 나의 판단이 잘못된 것을 인정하는 것이므로 인지부조화(심리적 불편함)를 갖게 되어, 이 부조화를 해소하고자 만족했다고 평가.
예) 오랜 고민 끝에 고른 고급 자동차가 잔고장 빈번 시, 기본기는 좋은데 내가 뽑기를 잘못 했다며 자위
대조효과 : 성과와 기대가 다를 때, 그 차이를 실제보다 크게 느끼는 것
예) 오랜 고민 끝에 고른 고급 자동차에 잔고장 발생 빈도가 소비자의 허용 기준을 넘었다고 판단되면 연비/승차감/디자인 등 다른 기능들도 모두 폄하.

동화-대조효과
성과와 기대의 허용 범위를 설정하여, 불일치 정도가 허용 범위 내에 들면 차이가 없는 것으로 인식하고(동화), 허용범위 밖이면 실제보다 더 크게 차이를 지각(대조)
예) 고급 차의 버튼 내장재 고장 같은 것은 별 신경 쓰지 않고 구매에 만족하나 엔진 결함 시 차량 구매를 후회

지각된 성과
제품의 만족도에 대한 소비자의 주관적 판단, 각 소비자마다 모두 다르다

박근혜를 지지하지 않았던 많은 국민들도 적법한 투표로 당선된 대통령이 범법자로 쫓겨나는 비극까지 바랐던 것은 아닙니다. 내가 원하는 방향대로 국정을 운영하지 않는다거나 내가 속한 계급의 이익에 부합하지 않더라도 헌법이 보장한 대통령의 임기에서 적법한 권한을 행사하는 것에 불만을 표할지언정 당장 끌어내려야 한다고까지는 상상하기 어려웠습니다.

그러나 대통령이 헌법을 위배한, 선을 넘는 행동에 대해서는 분노했습니다. 그리고 대통령 탄핵이라는 역사가 탄생합니다.

구매 후 부조화가 발생하는 경우

국정농단 사건이 벌어지자 국민들은 빠른 속도로 마음을 돌렸고, 탄핵을 위한 촛불집회에 나섰습니다. 대통령이라는 위치는 너무나 중요하고 권한과 책임이 막강하기에, 많은 국민들은 관심을 기울이고 행동에 옮겼습니다. 박근혜의 높은 지지율이 순식간에 급락을 한 것은, 소비자가 제품을 구매한 후 부조화를 느끼게 되는 과정과 매우 유사합니다. 고가의 고관여 제품을 큰마음을 먹고 구매했을 때, 나의 구매 외에도 다른 선택지들이 충분히 존재했으며 오랜 고민 끝에 내가 스스로 결정했을 때에는 후회의 강도와 기간이 오래 갑니다. 구매 후 부조화와 이를 감소시키려는 소비자의 대처는 저가의 저관여 상품에서는 잘 일어나지 않습니다. 편의점에서 음료수 하나를 사 먹었는데 맛이 없었다

구매 후 부조화

발생 상황
- 고관여도, 고가의 제품
- 구매의 결정을 되돌릴 수 없을 때
- 선택하지 않은 대안의 장점이 더 크게 보일 때
- 나의 선택 외에도 다른 많은 선택지가 있었을 때
- 소비자가 자신의 의사 결정으로 구매했을 때

소비자의 대처 방법 : 정신 승리로 이겨낸다
- 의식적으로 자신이 선택한 제품의 장점은 강화, 단점은 약화시킨다.
- 신포도이론을 스스로에게 투사한다. 내가 선택하지 않았던 저 제품을 선택했으면 더 나빴을 거야.
- 자신의 선택을 지지하는 정보를 계속 보고, 반박하는 정보는 회피한다.
- 의사결정 자체가 중요한 것은 아니었다고 생각한다.

면 크게 실망하기보다 그 다음부터는 그냥 그 제품을 사먹지 않는 식입니다.

마케팅 시사점

- 기업은, 소비자가 정신승리를 지속할 수 있도록 도와줘야 한다. 가장 대표적으로, 고급 자동차의 광고가 있다. 자동차는 가격과 용도에 따라 여러 세그먼트 segment가 있고, 가격/기능/실용성을 강조하는 대중차와 고급스러움, 차별화를 강조하는 고가의 자동차 시장이 존재한다. 비싼 가격을 지불하고 오랜 시간 고민하여 고급 자동차를 구매한 고객은 자신의 선택이 옳았는지에 대해 구매 후에도 끊임없이 의심한다. 때문에 고급 차량의 광고 중에는 신규고객보다 이미 구매를 완료한 고객을 타깃으로 하는 메시지가 유난히 많다.

고관여 상품의 구매 고객의 선택을 옹호하여 부조화를 감소하는 광고 예시

르노삼성 SM5   당선사례 / 낙선사례

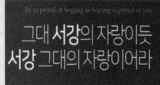

서강대학교 표어, 출처 : 서강대학교 홈페이지   래미안 광고

이러한 광고를 보며, 부조화가 발생할 뻔했던 고객들은 자신의 선택에 안심을 하고 재구매를 하거나 주위에 추천을 하게 된다.

이러한 소비자행동을 기업들은 잘 알고 있습니다. 특히 고관여 제품일수록 소비자에게 당신의 선택이 틀리지 않았다는 사실을 되새겨 주는 광고나 구매 후 감사의 의미를 담은 선물을 보내 준다든지 하는 식으로 소비자가 부조화를 갖지 않게끔 유도합니다. 구매한 소비자의 재구매와 긍정적인 입소문을 유도하는 기업의 마케팅 전략입니다.

박근혜는 취임 후에도 지지자들의 만족을 주기 위한 나름의 노력, 즉 구매 후 부조화 감소 행동을 다양하게 유도했었습니다. 지지자 그룹들의 기억 속에 존재하는 원로급 정치인들을 중용했으며 새마을운동 등 지지자들의 추억 속에 존재하는 상징물들을 현실로 다시 소환시켰습니다. 젊은 지지자의 마음을 끌기 위해 창업 활성화를 구체적으로 구현했고, 청년 정치인을 발굴하여 성장시켰습니다.

그러나 국민들은 국정농단사건을 도무지 받아들일 수 없었습니다. 국민의 기대와 현실 사이에서 거대한 부조화가 발생했고, 결국 불명예스러운 퇴진으로 이어지게 됩니다.

불평 행동의 발생과 유형

박근혜의 '국정농단' 사건에도 불구하고 끝까지 지지하는 이들도 있었습니다. 여론조사 결과로부터 우리 국민 중 약 4% 정도였던 것을 추정할 수 있습니다. 이들은 자신의 뜻과 반대되는 국정농단의 진실은 끝까지 회피하고, 그게 뭐가 그리 큰 잘못이냐며 항의했습니다. 반대편의 말에는 귀를 기울이지 않고, 같은 뜻을 가진 사람들과만 의견을 교류했습니다. 박근혜가 잘했던 점, 만약 상대편이 정권을 장악했으면 우리나라가 공산화가 되었을 텐데 그보다는 나은 것 아니냐며 스스로의 선택과 지지에 정당성을 부여했습니다.

높은 기대를 가지고 비싼 부동산이나 자동차를 구매했으나 만족도가 높지 않을 때에도 소비자들은 이 부조화를 감소하기 위해 유사한 행동을 보입니다. 높은 상승을 예상하며 구매한 내 집이, 사실은 그렇게 좋은 가치가 아니었다는 사실이 밝혀지거나 생활에 불편함이 좀 있어도, 초기 기대와의 부조화를 감소시키기 위한 다양한 정신 승리로 본인의 선택을 정당화합니다. 내 부동산의 가치가 앞으로 더 오를 것이라는 유튜브 동영상을 찾아 듣는다거나 같은 지역 커뮤니티에서 같은 아파트를 가진 주민끼리 모여 우리 아파트가 얼마나 오를지 열심히 이야기 하는 것이 좋은 예입니다. 내가 보고 싶은 것만 보고, 같은 관심과 의견을 가진 이들과만 의견을 교류하니 안심이 됩니다. 온라인 커뮤니티에서도 자주 보이는 현상입니다. SNS나 유튜브 등에서 관심사를 기반으로 콘텐츠를 추천해 주고 같은 의견을 가진 이들과의 의견만 교류하다 보니 세상은 온통 나와 같은 생각을 가진 사람들로만 이루어진 것 같습니다.

　그러나 박근혜의 국정농단에 불만을 느낀 대부분의 국민들은 다양한 방식으로 불만과 분노에 대한 의사 표현을 합니다. 비록 불만스럽지만 아무 행동도 하지 않는 사람들로부터 주위 사람들과 불만 의견을 공유하거나 더 이상 여당을 지지하지 않겠다는 소극적 행동을 하는 이들도 있고, 촛불집회에 참여하거나 언론

소비자 불평 행동의 강도별 유형

- **행동하지 않음** : 불만스럽지만 그냥 넘어감.
- **불매** : 다음 구매 시 불만족했던 회사의 제품을 구매하지 않음.
- **구전** : 친구나 지인에게 불평을 공유하며 타인도 그 회사의 제품을 사지 않도록 설득
- **배상 요구** : 환불, 교환 등 판매자의 적극적인 책임 요구
- **소비자 단체에 중재 요청** : 관련 관청 및 정부 기관에 민원을 넣어 해결 요청
- **회사에 소송 등 법적 조치**

소비자 불평은 그 파급 효과가 불만스러운 소비자 개인뿐만 아니라 넓게 퍼지고, 심할 경우 거액의 손해 배상이 필요한 경우까지 발생한다.

에 기고, 서명운동에 참여하거나 주도하는 등 좀 더 적극적으로 행동하는 사람들까지 다양한 스펙트럼의 행동으로 구성되어 있었습니다. 이러한 여러 불만 행동들이 모여서 결국 탄핵으로 이어집니다.

다양한 부조화 감소 노력에도 불구하고 제품 불만족을 확인한 소비자 또한 그 불만의 정도와 개인의 성향에 따라 여러 종류의 불평 행동을 보여줍니다. 기업은 소비자의 만족을 무엇보다 최우선으로 해야 하며 구매 후 부조화가 생기지 않도록 노력해야 합니다. 하지만 일단 불만이 생겼다면, 그로 인해 파급되는 부정적 효과(나쁜 구전, 법적 책임 등)로 인한 피해가 작지 않음을 감안, 최대한 빠르게 사과하고 보상하여 소비자의 분노가 더 커지지 않도록 다독여 주어야 합니다.

김부겸과 이정현

지역감정을 이겨낸 거인들

문화의 구성 요소와 성격

문화

　다양한 인구통계학적 특성(성별, 연령, 사회·경제적 지위 등) 중 20세기 한국인의 지지 정당에 가장 큰 영향을 미치는 요인은 단연코 지역이었습니다. 점점 개선되고 있지만 영남과 호남은 양대 정당의 든든한 지지기반임과 동시에 상대 당으로서는 감히 접근조차 어려운 강고한 장벽이었습니다. 대체적으로는 인구수가 많은 영남권 기반의 정당이 선거에 유리했습니다. 호남권을 지지기반으로 하는 정당이 승리하기 위해서는 어차피 가망 없는 영남권을 적극 공략하기보다는 중부권 후보와 연대하는 식이었습니다.

　지역주의가 꼭 나쁜 것만은 아닙니다. 가뜩이나 수도권 위주로 발전을 해온 우리나라에서 전국의 균형 발전을 위하여 각 지역의 이익을 위해 일하는 정당과 정치인의 역할은 적지 않습니다.

한국뿐 아니라 다른 선진국에서도 지역을 대표하는 정당은 존재합니다. 지역 곳곳을 균형 발전시키기 위한 지역기반의 대표자는 그 역할이 매우 중요합니다.

하지만 우리 현대사에서는 지역별 차별 감정을 부추겨 갈등과 감정을 퍼뜨려 이익을 보려는 이들이 있었습니다. 후보들은 정책과 역량의 차이보다는 출신 지역이 어디인지를 선거 승리에 더 중요하게 어필했으며, 특정 지역 전체를 낙인찍고 차별하는 사례도 적지 않았습니다. 이 불행한 역사의 기원을 찾아보면 다양한 역사적 사건과 지역차별을 만들어낸 원흉들이 등장하는데, 이 책의 범위를 넘어서므로 여기서는 '지역별 정치적 선호'라는 문화와 그 문화가 얼마나 강고한지, 그를 극복하기 위해 도전자들은 어떤 노력을 했는지 등에 대해서만 짚어보겠습니다.

우리 현대사에 지역주의를 타파하고자 본인이 오랫동안 공들였던 지역구를 버리고 '험지'라고 불리는 지역에 도전했던 정치인들은 적지 않았습니다. 부산에 여러 차례 도전했다가 패배하며 '바보' 별명을 얻은 노무현, 대구에서 낙선한 유시민 등이 대표적인 사례입니다. '지역주의'라는 거대한 문화적 현실을 극복해낸 이들의 사례는 제품과 서비스로 문화를 바꾼 기업들의 사례와 함께 마케팅 전략에 여러 시사점을 줍니다. 이번 편에서는 지역감정이라는 거대한 문화를 변화시키려 어려운 도전을 하고 승리를 거둔 정치인 두 명을 다뤄봅니다.

김부겸의 지역감정 극복 사례

김부겸은 대구 출신으로 한나라당 소속이었으나 탈당해 열린우리당 창당에 합류했습니다. 2000년 경기도 군포시에서 16대 국회의원에 당선된 후 같은 지역구에서 17, 18대 총선에서도 내리 이깁니다. 그런데 2012년, 오랜 기간 공을 들여 당선 가능성이 높은 군포시나 수도권을 떠나 수십 년 동안 새누리당의 기반 역할을 했던 대구 수성구 갑으로 지역구를 옮깁니다.

중량감 있는 3선 의원이 안정적으로 당선될 수 있었던 지역구를 버리고 당선 가능성이 현저히 낮은 이른바 '험지'에 스스로 들어서는 일은 의외의 사건이었습니다. 많은 이들의 관심을 받았고, 마침 민주당의 국민적 지지도와 분위기도 좋았습니다. 선거 결과, 비록 새누리당 이한구가 당선이 되며 김부겸은 낙선했지만 40.4%라는 높은 지지율을 얻으면서 다음을 기약할 수 있는 희망을 얻습니다.

선거에서 낙선한 후 김부겸은 지속적으로 지역구에 공을 들입니다. 대구 사무실을 중심으로 조직을 정비하고 지역 곳곳에서 시민들을 만나며 부지런히 소통합니다. 험지에는 의외의 틈새가 있습니다. 이 지역에서 오랫동안 군림했던 기존 정치인들은 다른 지역의 정치인에 비해 비교적 쉽고 안정적으로 당선되어 왔으므로 치열하게 경쟁했던 타 지역 후보들보다 전투력이 높지 않습니다. 사활을 걸고 덤벼드는 도전자 김부겸의 기세는 대단했습니다. 그렇게 2년의 시간이 흐르고 2014년에는 대구광역시장 선거에 출마합니다. 현직이던 새누리당 권영진 후보에게 밀려 낙선하지만, 40.3%라는 역시 놀라운 지지율을 얻으며 다시 다음번의 가능성을 높입니다.

그리고 2016년 20대 총선에서 대구 수성구갑에 출마, 정치 거물인 김문수 후보를 드디어 크게 이깁니다. 대구에서 민주당 계열 국회의원 당선은 1988년 이후 31년 만에 처음 있는 일이었습니다. 약간의 운도 따랐습니다. 그해의 20대 총선은 민주당이 승리한 선거였고, 김문수는 거물이었지만 '김문순대' 사건 등 경기도지사 재직 중 갑질 논란으로 이미지가 좋지 않기도 했습니다. 시민의식도 높아져 지역주의 자체의 힘이 점차 약해진 이유도 있습니다.

하지만 김부겸 승리의 가장 큰 원인은 2012년 이후 4년의 기간 동안 지역 곳곳을 돌며 민생을 챙기고 시장 등 삶의 현장을 누비며 시민들과 소통한 정성의 결과로 보는 것이 더 적확합니다. 민생을 챙기고 지역구를 다졌습니다. 대구에서의 민주당 당선은 기적과도 같은 성과입니다. 이 승리로 김부겸은 지역 구도 타파의 아이콘이 됩니다.

김부겸이 처음 대구에 내려갔을 때에는 지지기반도 조직도 없어 사람들이 모이지 않으니 유세를 해도 들어줄 사람이 없었다고 합니다. 그래서 몇 명 되지도 않는 사람들 앞에서 유세를 하고, 학교에 가는 초등학생 앞에서도 하고, 냉담한 반응 앞에서도 열정적으로 의견을 발표했으며, 나중에는 작은 트럭을 타고 좁은 골목과 아파트 단지를 다니며 일명 '벽치기' 유세를 합니다. 아파트 단지에서 베란다를 향해 유세를 한 것입니다. 처음에는 아무 반응이 없던 시민들도, 나중에는 아파트 베란다로 나와 손을 흔들어 주거나 하면서 지지를 표했다는 이야기는 유명합니다.

이른바 '적진'으로 꼽히는 곳에서의 활동이니 어려움은 가중이 됩니다. 근거없는 오해를 품고 있던 많은 지역 주민들을 설득하고 진심을 보여주는 데에는 시간만한 게 없습니다. 오랜 시간 공을 들인 끝에 대구에서 이긴 결과로, 중량급 정치인에서 대선후보 급으로 업그레이드합니다. 용기 있는 도전과 승리의 서사로 김부겸은 이후 국무총리를 역임한 후 스스로 정계에서 은퇴하며 깔끔하게 퇴진, 마지막까지 존경과 박수를 받았습니다.

이정현의 지역감정 극복 사례

　김부겸이 서울대 운동권 출신으로 정치인으로 데뷔하기 이전부터 인지도가 있었고, 40대에 국회의원에 당선되는 등 정치 엘리트의 길을 걸어온 데 반해 이정현의 사례는 좀 더 극적입니다. 많은 고생을 했고, 역경을 이겨낸 눈물겨운 스토리, 땀과 노력으로 채워져 있습니다.

　이정현은 전남 곡성 출신으로 1985년 초선 국회의원 민정당 구용상 의원의 보좌관으로 정치 인생을 시작합니다. 이후 1988년 말단 당직자로 민정당에 특채로 입사합니다. 민정당은 영남을 기반으로 한 정당, 게다가 역사상 지역주의를 가장 유용하게 활용하여 이익을 보았던 정당입니다. 실제로 말단 직원으로 일하던 시절, 당 내에서 출신 지역으로 차별을 받은 적이 적지 않았다고 고백합니다. 80년대 조직문화와 정치 지형 등을 생각하면 충분히 그랬을 것 같습니다. 말로 글로 밝히지 못한 설움이 아마도 더 컸을 것입니다.

　반면 아직 광주민주화운동의 상처가 채 가시기도 전, 호남 출신 인물이 5.18의 가해자가 수장으로 있는 정당에 들어간다는 것은 이정현의 연고지인 호남지역에서 볼 때 어떤 의미일지는 짐작하기 어렵지 않습니다. 지역의 90% 이상이 민주당을 지지하는 지역이니 정치인으로서의 미래도 불투명하고, 지역에서 정당 활동을 하면 냉대를 넘어서 폭력과 테러의 위험까지도 있었을 것입니다.

이러한 어려움 앞에 포기하기보다 이정현은 오기가 생겨 더 열심히 일했다고 합니다. 매일 가장 일찍 출근하여 제일 늦게 퇴근하고 주말에도 일하는 등 조직 내에서 인정받기 위해 최선을 다합니다. 성실함과 우직함은 기본이고 깔끔한 일 마무리와 문제해결 역량 등을 보여주며 실력을 인정받습니다. 당내에서 승진을 거듭하며 요직을 두루 거치고, 마침내 2004년, 당시 당 대표이던 박근혜에게 발탁, 중용됩니다. 여기까지만 해도 감동적인 성공 스토리입니다만 여기서 멈추지 않습니다. 이정현은 소속 정당으로서는 가망이 전혀 보이지 않는 호남 지역의 공천을 원했습니다. 경기도 정무부지사 자리가 공석이 되어 박근혜 당시 당대표가 추천을 했음에도 본인이 고사할 정도였다고 합니다.

이정현은 2004년 17대 국회의원 선거에서 광주 을에 처음으로 출마합니다. 당시 노무현 전 대통령 탄핵의 후폭풍으로 한나라당은 인기가 없었던 데다가 민주당 지지가 90%를 넘나드는 호남 지역이었습니다. 승산이 없는 지역에 출마한 대가로 1.05%라는 낮은 득표율을 보이며 참패를 했습니다. 김부겸은 3선 의원으로 입지를 다진 후 출마하기라도 했으나 이정현은 대중들에게 인지도가 전혀 없는 상태에서 험지에 뛰어들었으니 어쩌면 당연한 결과입니다.

지역구에서 가망이 안 보이자 2008년 18대 총선에서 처음 비례대표로 국회의원이 되었습니다. 그러나 2012년 19대 총선에서 비례대표를 뿌리치고 다시 광주 서구을에 출마합니다. 당의 입장에서는 어차피 후보를 내봐야 가망이 없는 곳이니 유능하고 성실한 이정현의 호남행을 많이 말렸다고 합니다. 그래도 포기할 줄 모르는 이정현은 최선을 다해 선거운동을 합니다. 비록 낙선했지만 지난번과는 달리 39.7%라는 기적 같은 득표를 합니다. 이 선거의 패배로, 대구에서 선전했으나 패한 김부겸과 함께 지역주의에 도전하는 상징 같은 인물로 떠오릅니다. 그리고 드디어 2014년 상반기 재보궐선거에서 순천시-곡성군 선거구에 출마, 새정치민주연합의 서갑원 후보를 이기는 극적인 장면을 연출합니다. 1988년 소선거제 도입 이래 25년 만에 처음으로 광주 전남 지역에서 새누리당 출신의 당선이었습니다. 비록 고향인 곡성군에서 많은 표를 받았고, 지역 내에서 상대 후보의 호감도가 좋지 않았던 지역 민심 등 여러 상황들이 복잡하게 얽힌 결과였지만 우리 정치 역사에 한 획을 그은 초유의 사건의 주인공이 된 것은 분명한 사실입니다. 이정현은 2016년도 20대 국회의원 선거에서도 전남 순천 지역구에서 이기며 역대 최초 호남지역 2선 새누리당 의원이 되고, 결국 당 대표까지 되는 등 정치 인생의 절정기를 구가합니다.

이정현이 호남에서 이길 수 있었던 비결도 김부겸과 큰 차이가 없습니다. 자전거를 타고 작은 골목을 다니며 지지를 호소했고, 낮은 자세로 시민들을 직접 만났습니다. 지역에서 반감이 심한 중앙당의 지원보다는 독립적으로 열심히 현장을 뛰며 소통하고 조직을 만들어 민심을 모으고 현안 해결을 위해 애쓰는, 어쩌면 너무나도 당연한 정치인이 해야 할 활동을 누구보다 부지런히 열심히 했던 것입니다. 소탈한 모습으로 새벽부터 택시기사들을 만나고, 목욕탕에서 주민들을 만나고 밤늦도록 지역구 시민들의 이야기를 들었다고 합니다.

김부겸, 벽치기 유세 (2014.06.05., 경향신문)   이정현, 험지에서 이번 연출, (2016.02.18., 연합뉴스)

기업들은 제품이나 서비스를 판매할 때 지역이나 계층의 문화를 고려합니다. 대중 오디오 제조사를 예로 들어 보면 우리나라에는 거실에 놓을 콤팩트한 제품의 라인업을 운영하지만 중남미에는 젊은이들이 길거리에서 음악을 크게 틀어놓고 밤새도록 춤을 추는 문화를 감안, 커다란 소리를 내는 대형 스피커와 우퍼가

달린 제품을 주력으로 판매하는 식입니다. 쇠고기나 돼지고기를 먹지 않는 인도에서 양고기 버거를 개발하여 판매한다든지 병원에서는 죽음을 뜻하는 '4'층을 넣지 않는다든지 하는 식으로, 문화는 기업의 제품과 서비스에 깊이 관여합니다.

대체로 마케팅은 문화를 반영하는데, 이를 넘어서 기업이 주도하여 새로운 문화를 만들어내는 경우도 있습니다. 마케팅으로 새로운 문화가 만들어지는 사례입니다. 일본 KFC의 크리스마스 마케팅을 들 수 있겠습니다.

KFC 일본법인은 1970년 동경에서 처음 영업을 시작했는데, 처음에는 판매 성과가 그리 좋지 않았습니다. 닭고기를 튀겨 먹는 것이 일본인에게는 낯선 문화이기도 했고 브랜드 인지도도 전혀 형성되어 있지 않았습니다. KFC 일본법인은 다양한 마케팅 방법을 동원하는데, 그 중 KFC의 주 색상과 크리스마스를 상징하는 색이 빨간색으로 동일함에 착안, 크리스마스와 KFC를 연결하는 캠페인성 광고를 대대적으로 집행한 것이 대히트를 칩니다. KFC 문 앞에 세워진 창립자 커널 샌더스의 모형에 산타 옷을 입히고 (산타클로스의 이미지와 잘 어울립니다.) "미국에서는 크리스마스에 KFC를 먹는다"는 메시지를 퍼트립니다. 정확히 짚어보자면 이 메시지는 사실이 아닙니다. "미국에서는 추수감사절에 칠면조를 먹는다"가 정확한 표현입니다.

그래도 이 캠페인은 많은 일본인들의 동참을 이끌어내었고 일본 KFC는 해마다 크리스마스 이벤트를 진행, 매출 기록을 경신합니다. 50여 년이 지난 지금까지도 일본인들은 크리스마스에 KFC를 먹습니다. 일개 회사의 상업적 마케팅 메시지가 국가 단위의 문화를 만든 것입니다.

이외에도 발렌타인데이에 초콜릿을 선물하거나 11월 11일에 '빼빼로'를 선물로 주는 관습, 영원한 사랑의 징표로 다이아몬드를 선물하는 문화도 마케팅이 문화를 만들어낸 사례입니다. 전에 없던 관습이지만 많은 이들이 호응하고 함께하면 문화가 됩니다.

마케팅이 기술과 함께 문화를 바꿔 놓은 예도 많습니다. 소니의 워크맨 발매로 사람들은 길을 다니면서 음악을 듣는 습성을 가지게 되었고, 네트워과 스마트폰의 등장으로 생활양식 자체가 이전과는 비교할 수 없을 만큼 크게 바뀌기도 했습니다. 기업이 주도하여 자사의 제품을 문화의 일부로 만들 수 있다는 점에서 기업의 영향력과 사회적 책임을 새삼 무겁게 인식하게 합니다.

문화

사회적으로 학습되고 사회 구성원들에 의해 공유되는 모든 것

- 사회 구성원에 의해 생산 및 소비되는 유무형의 재화와 의미, 규범, 전통같은 추상적 개념을 포함
- 한 사회집단 특유의 라이프스타일, 그 사회가 직면하였던 환경에 적응하며 살아가는 방식이 축적된 형태.
- 문화는 소비자 행동에 강력하고 광범위한 영향을 미치지만 정작 개인은 이의 중요성을 일상생활에서 느끼지는 못 함.

문화의 구성 요소

요소	의의	예시
물질적	가치 및 신념 형성의 토대를 제공	기술/경제적 수준
사회적	사회를 구성하는 관련 기관	학교, 종교시설, 가족, 대중매체
언어	집단의 지표	인터넷 언어, 밈
핵심가치	사회적 분위기를 지배하는 가치	반일감정, 성공에의 열망 등
신념체계	소비 등 특정한 상황에서 판단 기준	아파트에 살고싶다
관습/의례	정해진 순서에 따라 진행되며 정기적으로 반복 발생하는 상징적 행동들	관혼상제, 입학/졸업식 등
심미적 요소	색상의 의미, 아름다움의 기준	빨갱이=공산당

문화의 성격

- 사회 구성원에게 욕구 충족의 기준이 되며 규범을 제공한다.
- 가족/동료집단 등 문화의 구성원들로부터 공식 / 비공식적으로 학습된다.
- 가족, 언어, 공동체, 대중매체를 통해 공유된다.
- 세대를 따라 이어지며 다른 문화에 노출되어도 영향력은 지속된다. 시대의 변화에 따라 점진적으로 변화/학습된다. 변화의 속도가 빠른 사회와 매우 느린 사회가 있다.

문화는 누구나 알고 있지만 막상 설명하기 어려운 개념이기도 합니다. 제품의 판매나 고객 설득에 직접 활용 가능한 기술도 아니고, 숫자로 표현을 할 수도 없습니다. 실체가 없는 추상적인 개념과 의의 때문에 마케팅 학습자는 많은 애를 먹습니다. 하지만 소비자의 의식과 행동의 이유를 유추하고 그 가치를 마케팅에 적용하기 위해서는 사회와 문화를 이해하는 것은 마케터에게 필수적인 소양입니다. 문화는 오랜 기간 축적되어온 가치이므로 변화가 매우 느리고 보수적인 특성을 갖습니다. 따라서 지역/연령 등 인구통계학적 특성, 직업/계층 등 사회적 특성에 스며들어 마케팅 전략을 도출하기 위해서는 문화의 특성과 타깃 고객의 문화를 이해해야 합니다.

이를테면 토요타는 럭셔리 자동차 브랜드인 렉서스를 처음 런칭할 때 타깃 고객인 고소득층의 소비생활을 이해하기 위한 직원 연수를 실시합니다. 이 프로젝트에 참여하는 엔지니어와 디자이너, 마케터 등을 미국으로 보내 LA에서 한 시간 거리의 부촌 라구나 비치의 호화주택에 입주시킵니다. 이들은 미국 부유층들이 자동차를 어떻게 사용하는지, 무엇으로 생각하는지, 자동차 실내공간을 어떻게 활용하는지 등등 연구실에서는 할 수 없는 생생한 경험을 합니다. 또한 부유층들이 자주 이용하는 고급 스포츠센터, 쇼핑센터나 골프장 등을 경험하며 고급 차량에 물건을 싣는 방식, 자녀를 태우는 방식 등 세세하고 구체적인 상류층의 문화를 시시콜콜 습득합니다. 이들이 만든 자료는 일본의 본사에 보내졌고 토요타의 직원들은 미국인들의 럭셔리 자동차에 대한 이해를 구체화 합니다.

이외에도 토요타는 문화인류학자와 사회, 심리학자 등을 고용하여 미국인들이 럭셔리 자동차를 구매하는 데 있어 중시하는 기준과 브랜드, 이미지 등을 연구하고 제품에 반영합니다. 우리나라 대표기업 삼성이 2000년부터 '지역전문가' 제도로 우수한 직원을 기존 업무에서 빼내 해외에 파견, 1년간 지역 문화를 연구하도록 하는 제도 역시 바로 지역의 문화를 연구하여 이를 제품화하기 위한 기업의 노력으로 볼 수 있습니다.

문화는 한번 형성되기까지 많은 시간과 노력이 들어가지만 일단 만들어진 문화는 오랫동안 지속되는 경향이 있습니다. 수십년 간 '빼빼로데이'의 수혜를 보는 것을 떠올려보시면 됩니다.

그런데 또 문화라는 것이 매우 추상적이고 알 수 없는 것이라 사회경제적 충격적인 사건에 적응하기 위해 순식간에 형성되기도 합니다. 청나라가 지배한 중국의 변발, 일제의 창씨개명 같은 것들은 빠른 시간에 강제로 실행된 문화입니다. 일제강점기 동네 처녀들을 강제로 잡아가자 어린 나이에 결혼을 시키는 조혼문화나 코로나 시기에 많은 활동들이 온라인으로 대체된 것처럼 변화에 대응하기 위해 구성원들이 자발적으로 새로운 문화를 만들어내는 경우도 적지 않습니다. 우리나라 정치사에서 보자면, 70~80년대 대규모 군중시위, 21세기의 촛불집회 등 국민적 불복종운동이나 정치인의 후원체로 팬클럽을 만드는 것 등도 일종의 문화로 볼 수 있습니다.

정치인도 기업도, 다수 대중들이 스스로 동참하는 문화를 만들어 널리 동참할 수 있다면 그 어떤 성공보다 오랜 기간 지지자와 고객의 사랑을 받을 수 있는 것입니다.

문재인

다양한 취향을
만족시켜라

↓

제품 Mix 전략, 상표 충성도

제품 Mix 전략

민주당은 2007년 치러진 17대 대선을 시작으로 2016년 총선까지 약 10여 년 동안 거의 모든 선거에서 보수당에게 졌습니다. 지역감정이나 언론을 탓하기도 했지만 "고객은 항상 옳다"는 시장의 원칙처럼 국민은 그렇게 선택했습니다.

문재인은 2012년 대선에 패배한 패장이었고, 민주당은 2등에 만족하는 정당, 패배의 아이콘으로 선거마다 지리멸렬했습니다. 지속되는 패배로 사기는 땅에 떨어져 있었습니다.

2016년의 총선 또한 선거 전까지 당시 여당이었던 새누리당의 승리를 의심하는 이들은 거의 없었습니다. 얼마나 크게 이기느냐로 예상이 달랐을 뿐입니다.

그런데 이 분위기를 뒤집고 문재인이 이끄는 더불어민주당이 승리합니다. 이 선거는 우리 현대사에 큰 의미를 갖습니다. 이 총선에서 민주당이 많은 이들이 예상했던 대로 패배했다면 당시 대통령 박근혜는 탄핵되지 않았을 것이고, 21세기 한국현대사는 지금과는 상당히 다른 방향으로 흘러갔을 것입니다. 문재인은 어려운 시기에 등장하여 당을 승리로 이끌었던 성과로 대통령이 될 수 있었습니다.

이 역사적 승리의 원인은 크게 두 가지로 꼽을 수 있습니다. 첫째는 승리를 과신한 새누리당의 잘못된 전략 공천이었고, 두 번째는 문재인과 민주당이 깜짝 발탁한 신선한 인물들이었습니다. 당시 민주당은 약점을 보완하고 강점을 강화하며 무엇보다 전체적인 분위기를 바꾸기 위해 기존의 인물들을 과감히 배제하고 새로운 인물들로 대체했습니다. 기존에 당 내에서 입지를 쌓아왔으나 공천을 받지 못했던 중진들의 항의가 거셌습니다. 새로운 인물로의 세대교체는 기존의 지지층마저 돌아서게 할 위험이 있습니다. 결과적으로 다양한 영역에서 전문성을 쌓고 민주당에 영입되어 후보로 나선 이들은 민주당 승리의 선봉대 역할을 충분히 해냈습니다. 민주당이 발탁한 인물들이 정당에 들어오고 국회의원에 당선되며 이전과는 전혀 다른 정당으로 바뀌었습니다. 이들은 기존 정치권에서는 볼 수 없었던 전문성과 스토리로 무장했고, 전 정부의 약점을 공략하는 상징적인 인물들이었습니다. 시간이 한참 지나고 봐도 탁월한 인재 영입입니다.

2016년 문재인 대표가 영입했던 인재들, 전문성과 스토리

이름	전문성	story
표창원	경찰학자, 범죄심리학자	경찰대 교수 재직 중이던 2012년, 국가정보원의 여론조작사건을 정면으로 비판하고 사직, 다양한 TV 프로그램에 범죄심리학자로 출연하며 대중들에게 인지도가 있었음. 더불어민주당으로 쇄신 후 영입인재 1호로, 전 정부의 탄압을 받은 전문가로서의 확실한 입지가 영향
김병관	창업자, 성공한 기업인	20대에 창업, 엑싯 후 웹젠 이사회 의장이 된 성공한 창업가 출신. 정치권 최초의 게임업계 관계자. 당시 사회적 열풍이 일었던 스타트업계에 어필할 수 있었고, 신산업을 대표할만한 전문성을 갖춘 젊은 인력으로 청년층을 대변
양향자	고졸 / 여성출신 삼성전자 상무	통상 민주당과 사이가 좋지 않다고 여겨졌던 삼성 출신 임원, 민주당이 공을 들이던 여성의 롤모델이 될 만한 성공신화였고, 고졸이라는 핸디캡을 딛고 열정과 능력으로 성공을 이루어 냈다는 상징성을 당의 이미지와 연결시킴
조응천	정부에서 탄압받던 엘리트 검사	TK, 서울법대 출신으로, 임관 이후 요직에서 승승장구하던 엘리트 검사였으나, '정윤회 문건 유출사건'으로 해임. 1년 후 '박근혜 국정농단 사건'으로 이 사건이 재조명되며 정권에 탄압받은 전문가로 포지셔닝, 정권교체의 선봉장으로 활용

　새로운 인재의 영입과 기존 인물들의 공천 배제는 상대편인 새누리당의 전략공천과 대비되며 국민들에게 깊은 인상을 주었습니다. 반면 당시 새누리당은 이해할 수 없는 과거의 인물들을 대거 등용했는데, 박근혜의 복심이었다는 분석이 가장 유력합니다.

　선거에 출마할 후보를 선발하고 각각의 지역구를 배정하는 절차는 기업이 제품의 라인업line-up을 정하고 타깃팅한 시장에 선보이는 제품 Mix 전략과 일맥상통합니다. 정당이 적절한 지역에 적절한 후보를 내는 판단과 기업이 타깃팅한 시장에 고객의 특성을 나누고 각각 적합한 제품을 선보이는 전략은 그 중요성과 절차가 유사하며 선거나 시장에서의 성패를 결정지을 정도로 중요한 결정 사항입니다. 시장을 정확히 센싱하여 소비자의 유형을 분류하고, 그 세그먼트segment를 만족시키는 제품을 도입하는 이 전략은 실제 기업의 마케팅팀에서 가장 심혈을 기울여 실행하는 핵심 과제이기도 합니다. 특히 수출을 주력으로 하는 소매 제조기업들은 각 국가의 문화와 인구 구조, 경제 상황 등을 면밀히 파악하여 더 많은 소비자를 만족시킬 수 있는 제품라인을 도입합니다. 이를테면 소득이 낮은 지역에는 엔트리 모델을 주로 판매하고, 중동의 부호들을 타깃으로 초고가의 가전제품을 출시한다든지 하는 것입니다.

2016년 문재인은 국민들의 니즈를 정확히 파악하여 우수한 인력(제품)을 도입하여 성공하였지만 기업도 정치도 성공하지 못한 사례가 훨씬 더 많습니다. 2020년에 실시한 21대 국회의원 선거에서의 정의당이 좋은 사례입니다.

정의당은 2018년 여론조사에서 역대 최고인 지지율 15%를 얻으며 상승세에 있었습니다. 양대 정당에 치여 만년 3위에 머물러야 했던 정당에서 메이저로 도약할 수 있는 기반이 드디어 마련된 것입니다. 당시 여당이었던 새누리당에 반대하고, 민주당의 우유부단한 모습에 대안을 찾던 많은 이들이 정의당을 지지했습니다. 오랜 기간 열악한 환경에서도 꿈을 잃지 않고 계란에 바위를 치던 희생과 헌신의 결과였습니다.

하지만 2020년도 치러진 21대 총선에서 비례대표 정당 지지율 9.7%의 득표를 얻으며 기대했던 성과에 못 미치더니 지지율은 계속 하락하며 2022년도에 치러진 20대 대선에서 심상정 후보는 허경영에게까지 위협당하는 모습까지 보이며 2.4%의 초라한 성적으로 급격히 몰락했습니다.

이러한 일련의 실패 과정의 여러 원인 중 하나로 정치학자들은 2020년 정의당 총선 후보들의 라인업^{line up}을 꼽습니다. 2020년 총선은 정의당으로서는 진정한 메이저 정당으로 확장할 수 있는 절호의 기회였습니다. 만약 이 시기에 오랜 기간 고생하며 정의당에 헌신해온 분들이나 더 넓은 층의 국민들을 대표할 수 있는 이들을 넣었다면, 좀 더 상징성 있는 분을 앞 순위에 배정했다면 결과는 많이 달라졌을지 모른다며 아쉬워합니다.

정의당은 이 선거에서 비례대표 상위 순번에 여성/청년들을 집중 배치하였습니다. 지금 돌아보면 패착의 원인이지만 당시 정의당으로서는 또 그런 결정을 할 수밖에 없었던 고심이 있었을 것입니다. '페미니즘'이라는 시대적 소명과 열성적인 지지자 그룹의 목소리가 영향을 미쳤을 것으로 추측됩니다. 정의당은 미래 성장을 위한 가장 큰 원동력으로 페미니즘의 선정과 함께, '청년'이라는 떠오르는 세그먼트^{segment}를 함께 잡고자 했던 것일 터입니다. 더불어민주당이 2016년에 오래된 정치인들보다 새로운 인물들을 대거 기용하여 성공했듯, 정의당도 오랜 기간 헌신했던 활동가들보다는 신선하고 젊은 후보들을 앞세워 젊고 새로운 모습으로 어필하고자 했던 것으로 보입니다. 지나고 나서야 실패한 전략으로 평가할 수 있지만, 이는 '기존에 자사가 가지고 있는 강점을 활용하여 신제품의 라인업을 확대하는' 지극히 상식적인 제품라인 확장 전략이었습니다. 따라서 라인 자체의 문제라기보다는 각 라인에 배치된 후보들의 면면이 국민들의 기대에 차지 않았을 확률도 매우 높습니다.

시장에 새로운 제품라인을 선보이는 것은 회사의 성패를 결정할 만큼 중요합니다. 그러나 정치든 기업이든 결국 정답은 유권자와 소비자의 니즈입니다. 다양한 유권자의 이해와 요구를 만족시키기 위한 역량 있는 후보들의 등장에 국민들이 표로 보답하지 않은 적은 없습니다.

기업에서는 라인업을 정하는 것 자체도 중요하지만 타깃 시장에 선보인 제품들이 제 역할을 해 주는 것도 중요합니다. 주력 제품으로 대대적으로 광고한 제품이 불량이라도 나면 기업 이미지에 심대한 타격을 주기 때문입니다.

정의당도 그렇게 전면에 내세운 초선의원(신제품)들이 제 역할을

제품 믹스Mix

기업이 판매하고자 하는 모든 제품들의 집합

- **제품 Mix의 폭** : 기업이 가지고 있는 전체 제품라인의 수
- **제품 Mix의 길이** : 제품 Mix에 속한 전체 제품의 수
- **제품 Mix의 깊이** : 특정 제품라인 내에 있는 한 제품이 파생 가능한 추가 품목의 수

제품 Mix의 폭이나 길이가 너무 적으면 갈수록 다양해지는 고객의 입맛을 맞추지 못할 위험이 있다. 반면 제품 Mix를 마냥 확대하다가는 회사의 정체성이 모호해지고 생산 및 재고 관리가 어려워지며 선택과 집중을 하기 어려운 상황에 이르기도 한다. 이를테면 휴대폰 시장에서 애플Apple은 단순한 제품 Mix 전략을, 삼성은 다양한 모델을 빠르게 출시하는 다양한 제품 Mix 전략을 택하고 있다. 제품 라인이 단순한 게 좋은지 다양한 게 좋은지는 답이 없다. 시장과 제품의 특성과 회사의 전략에 따라 결정할 문제다. 대체로 매출의 규모를 늘리고자 할 때에는 라인 확장 전략을, 수익률에 집중할 때에는 소수의 라인에 집중하는 전략을 택하곤 한다. 생산 제품이 단순해지면 동일한 부품을 대량으로 구매할 수 있으며 생산설비를 효율적으로 가동 가능하므로 효율적인 경영이 가능해지지만 다루는 제품의 수가 많다면 그만큼 만날 수 있는 고객이 더 많을 수 있기 때문이다.

구분	제품 Mix의 폭			
제품 Mix의 길이	라인 1	라인 2	라인 3	라인 4
	TV	휴대폰	메모리 반도체	냉장고
	오디오	태블릿	Lsi 반도체	에어컨
	DVD	노트북	…	세탁기
		모니터	LC-22sic	…
			LC-24asic	
			LC-32wawd	
			LC-34awdw	
		…	LC-34awdw	

다 해 주어 시장의 호평을 받았더라면 시간이 지난 후 국민들의 지지세를 오히려 강화시켜 당시의 전략이 성공으로 평가될 수도 있었을 것입니다. 그러나 정의당의 실험은 실패로 결론이 납니다.

제품 Mix란 기업이 판매하고자 하는 제품의 집합을 의미합니다. 다른 말로는 구색이라고도 합니다. 동일한 제품라인 또는 제품 계열은 제품의 구성, 사용처, 기능, 소비자의 니즈 등이 유사하여 같은 마케팅 전략을 활용 가능한 제품군을 의미합니다. 이를테면 PC와 모니터, 프린터는 같은 매대에 함께 진열하여 팔 수 있는 제품이므로 동일 제품라인에 속한다고 볼 수 있습니다. 반면 같은 회사에서 반도체도 함께 제조하여 판매한다면, 이는 매대에서 팔기보다 주로 B2B로 판매하므로 반도체 제품군만 묶어 PC와는 다른 제품라인으로 운영합니다. 이러한 여러 제품라인 운영 전략을 제품 Mix 전략이라고 합니다.

기업은 운영 중인 제품라인 내에서 소비자의 다양한 입맛을 만족시키기 위한 모델들을 운영합니다. 'TV'는 제품라인 내에 32인치, 40인치, 50인치 제품으로 구성되고, 32인치 제품 내에서는 스마트 TV, UHD TV 등 기능과 사양에 따라 소비자의 취향에 따라 제안하는 것입니다.

기업은 기존 제품의 진부화에 대응하고 새로운 시장 확장을 위한 제품 Mix 전략을 펼칩니다. 스마트폰을 제조하여 팔던 회사가 태블릿이나 스마트 워치도 만들어 파는 식입니다. 그러면 기존

스마트폰 제조의 기술과 설비, 인력 등을 활용할 수 있고, 기존의 유통업체를 활용하여 판매할 수 있으며 기존의 브랜드 충성 고객에게 좀 더 쉽고 빠르게 신뢰를 주며 다가갈 수 있습니다.

제품 Mix 확장 전략

기존 제품을 기반으로 확장하는 세 가지의 방법이 있다.

하향 확장

처음에는 고가의 고품질 제품을 출시하고, 이후 저가의 실속형 모델을 출시하는 전략이다. 고급 제품에 대한 확실한 차별화 포인트를 가지고 있으며, 더 큰 시장인 중저가 시장에서 시장을 점유하고자 하는 전략으로, 갤럭시 S 시리즈를 먼저 출시하고 기능이나 성능이 조금 못한 A나 J 시리즈를 그보다 저가에 출시하는 전략이다. 이 경우 같은 라인Line 내에서 부품의 표준화/공용화가 가능하고 동일 유통을 이용할 수 있으며 고객에게 다양한 선택권을 줄 수 있다.

상향 확장

처음에 대중적인 저가의 제품을 출시하였다가 이후 점차 고가/고급 제품을 출시하는 전략이다. 이는 하향 확장에 비해 좀 더 어려운 전략이지만 기업의 지속 가능한 생존과 마진 확보를 위해서 필연적인 전략이다. 이를테면 미국 시장에서 '현대자동차'로 처음 진출한 후 저렴한 제품을 판매하며 품질과 성능을 인정받다가 '제네시스' 브랜드로 고가시장에 성공적으로 안착한 케이스를 들 수 있겠다.

쌍방향 확장

초기에는 중가 / 적정 품질의 제품을 출시하고, 이후 고가/저가 시장으로 각각 확장하는 전략이다. 하향과 상향 확장을 함께 추진하는 전략으로 보면 된다.

제품 Mix의 실패 사례로, 2010년 노키아를 꼽을 수 있겠습니다. 당시 피쳐폰 시장의 절대 강자였던 노키아는 가장 잘하는 영역에서 더 잘하고자 다양한 기능의 신제품 피쳐폰을 출시하며 라인Line을 확대해 갔습니다. 반면 같은 시기 삼성전자는 피쳐폰 라인을 축소하고 대신 그 자리를 스마트폰으로 대체했습니다. 결과가 어떻게 되었는지는 여러분들도 잘 아시리라 믿습니다.

이렇듯 제품 Mix 전략은 기업의 흥망성쇠를 결정하기도 하고, 기업의 중장기 방향이나 의사결정 체계 자체를 그대로 드러내며 기업의 사업 전략 그 자체라고 봐도 무방할 만큼 중요합니다.

상표 충성도

우리나라 대통령들은 대체로 마지막이 좋지 않았습니다. 임기 말에 높은 지지율을 기록하는 경우는 매우 드물었습니다. 그런데 문재인은 퇴임 당시 지지율이 역대 가장 높은 대통령입니다.

문재인의 퇴임 전 지지율이 왜 높았는지에 대한 이유는 이 글에서 기술하기 매우 조심스럽습니다. 시간이 더 많이 흐른 후, 연구 결과와 역사가 평가해 줄 것입니다. 우리는 이례적으로 높은 대통령의 후반기 지지율을 통해 소비자의 상표 충성도를 공부할 뿐입니다.

'콘크리트 지지율'은 원래 지역주의의 다른 말이었습니다. 영남과 호남을 기반으로 하는 양당이 각자의 지지기반에서는 큰 무리 없이 높은 지지율을 얻는 식이었습니다. 그런데 수도권 집중화가 심화되고 지역갈등이 서서히 옅어지며 지지기반의 특성이 지역에서 나이, 성별, 사회경제적 계층별 지지로 점차 변화하게 됩니다.

정치인들의 의정활동이나 정책 등이 점점 투명하게 공개되면서 특정 후보나 정당에 대한 지지도가 대체로 일생 동안 잘 변하지 않았던 과거 세대에 비하여 이제는 곧잘 변화합니다. (물론, 종교와 정치적 신념은 평생 잘 변화하지 않습니다만 예전에 비해 그렇다는 것입니다.) 문재인의 동지이자 선배였던 노무현이나 영원한 콘크리트 지지층을 유지할 줄 알았던 박근혜가 퇴임 시 지지율이 매우 낮았음을 상기해 보면 더욱 그렇습니다.

특정 정당이나 정치인에 대한 유권자의 일관성 있는 지지, 브랜드/제품에 대한 소비자의 일관된 반복 구매를 충성도라고 합니다. 충성도는 여러 유형이 있습니다. 소비자의 성향과 상황에 따라 평생 한 브랜드만 사용하는 경우도 있고, 오랫동안 좋아하던 브랜드를 한 번의 불만으로 다시는 쳐다보지 않는 경우도 있습니다.

브랜드는 회사의 가장 큰 자산이며 정체성 그 자체라고 봐도 무리가 아닙니다. 때문에 소비자들에게 사랑받는 브랜드 하나를

상표 충성도의 유형

행동주의적 접근

행위의 결과, 즉 "한 상표를 일관적으로, 연속적으로 구매"를 상표 충성도로 규정 후 유형별 분석

유형	구매 행동
동일 브랜드 충성도	동일 브랜드 제품만 일관되게 계속 구매
양분된 충성도	2~3개의 브랜드 제품을 정해놓고 교대로 구매 운동화를 구매할 때에 A와 B 브랜드 중 하나를 구매
불안정한 충성도	특정 브랜드를 구매하다가 다른 브랜드로 갈아타는 것이다. 운동화는 A 브랜드만 계속 구매해왔는데, B 브랜드로 갈아타는 식이다.
비상표 충성도	브랜드 충성도나 이를 바탕으로 한 반복구매하지 않는 경우

태도론적 접근

행위의 원인, 즉 "특정 브랜드를 선호하는 태도"에 초점을 맞추고 브랜드 선호도, 몰입도를 충성도로 규정

- Dick & Basu가 소비자의 태도와 반복구매 수준에 따라 충성도를 4가지 유형으로 분류하였다.

		상표에 대한 긍정적 태도	
		높음	낮음
반복 구매 빈도	높음	진정한 충성	가식적 충성
	낮음	잠재적 충성	비충성

만들기 위해 오랫동안 일관된 품질을 유지하며 선호를 소비자에게 각인시키기 위해 수많은 노력과 시간, 큰 금액을 투자합니다.

이러한 브랜드 충성도는 수많은 학자와 기업들이 큰 관심을 기울이는 학문 영역이므로 마케터를 꿈꾸는 분들이라면 열심히 공부해야 합니다.

정치인들에 대한 선호가 종종 변하듯 소비자의 상표 충성도 역시 상황과 제품의 만족도에 따라 그 지표가 상승하거나 하락하기도 합니다. 다만 연구 결과에 따르면 시장 전체로 보았을 때 전체적인 상표 충성도는 그렇게 쉽게 변하지는 않는다고 합니다. 정치적 성향 또한 한 인간의 일생을 놓고 보자면 선호가 크게 변치 않는 경우를 훨씬 더 많이 볼 수 있는 것처럼 말입니다.

가장 많이 팔리는 제품의 소비자 충성도는 안정적인 경향이 있으나 충성의 강도가 가장 높은 것과는 또 다릅니다. 우리나라에서 가장 많이 팔리는 것은 대림 오토바이지만 소비자 충성도는 할리 데이비슨이 더 높은 것을 예로 들 수 있습니다. 반면, 가장 적게 팔리는 제품들에 대한 고객 충성도는 역시 매우 낮은 경향이 있습니다. 시장에서 이름 없이 사라지는 브랜드들은 오늘도 수백 개가 넘습니다.

충성도는 매우 높은 확률로 재구매로 이어집니다. 기업이 신규 고객을 만들기 위해 큰 비용을 들여 투자를 하는 것을 감안하면, 재구매를 통한 매출 확대와 입소문 확산은 기업의 사업 성과 그 자체이며 지속 가능한 성장을 의미합니다. 기업들이 고객 충성도에 사활을 거는 이유입니다.

더 오랫동안 더 많은 이들이 우리 브랜드를 좋아하도록 하는 가장 좋은 방법은 당연하게도 고객을 만족시킬 수 있는 제품과 서비스를 제공하는 것입니다. 고객과 수시로 소통하며 고객이 필요로 하는 것을 시장에 내놓고 혹시 실수했을 경우 빠르게 사과하고 개선하며 경쟁사보다 더 좋은 제품을 합리적인 가격에 판매하는 것입니다. 너무 쉽고 뻔해 보이지만, 이러한 기본과 정석이야말로 경영과 마케팅의 본질입니다.

좋은 제품을 판매하면서도 브랜드 충성도에 나쁜 영향을 미치는 기업의 행동들이 있습니다. 이를테면, 정가에 팔던 제품을 어느 날 너무 쉽게 대폭 할인을 한다든지 지나치게 공격적인 판촉 활동을 하는 것 등입니다. 할인이나 판촉 활동은 재고관리와 유통 활성화 등을 위해 필요하지만 정가에 구매한 고객에게 배신감을 줄 우려가 있고, 할인가에 구매한 고객에게는 제품 구매 후 스스로에게 자신이 제품을 진정 좋아해서가 아니라 판촉 때문에 구매한 것으로 기억할 위험이 있습니다. 할인 가격에 구매한 고객은 가격 할인이나 판촉이 없으면 재구매를 하지 않을 확률도 높습니다. 이러한 이유로 럭셔리 브랜드 중에는 재고품을 아울렛에서 할인 판매하기보다 소각/폐기하는 업체도 적지 않습니다. 상표 충성도를 잃지 않고 장수하려는 브랜드의 노력입니다.

한편, 소비자가 특정 브랜드를 반복 구매한다고 해서 꼭 그 브랜드에 충성도가 높은 것은 아니고, 반복 구매하지 않는다고 해서 충성도가 낮은 것도 아닙니다. 이를테면, 더운 날 시원한 음료를 살 때 매대에서 눈앞에 있는 것을 그냥 집는 '저관여 제품의 습관적 구매'는 반복 구매이지만 상표 충성도가 낮은 사례입니다. 그 위치에 다른 제품을 놓는다면, 소비자는 그것을 구매할 것이기 때문입니다.

반면 특정 브랜드를 몹시 선망하지만 가격이 너무 비싸서 구매를 하지 못하는 경우도 있습니다. 브랜드 충성도는 높지만 반복 구매로 이어지지 않는 사례입니다. 이 경우, 기업은 제품라인 전략을 수정하여 이 고객을 자사의 브랜드로 끌어올 수 있습니다. 고가의 명품 가방 브랜드를 선망하지만 구매하기 어려운 고객에게 상대적으로 낮은 가격의 열쇠고리나 머리핀 등을 판매하는 이유입니다.

윤석열

어퍼컷과
하이킥

카노의 품질 속성 모형,
1등 마케팅

카노의 품질 속성 모형

2021년 4월에 치러진 서울과 부산의 재보궐선거에서 국민의 힘은 민주당을 예상보다 큰 격차로 이겼습니다. 서울은 전통적으로 민주당이 강했던 지역이고, 그 전해에 치러진 21대 총선에서 서울 내 49개 선거구 중 41석을 차지했을 정도로 민주당의 기세는 대단했는데, 불과 1년 만에 민심이 급격히 바뀐 것입니다. 국민의힘 오세훈 후보는 당시 야당의 주력 정치인도 아니었습니다. 서울 시장을 중도에 반납한 뼈아픈 과거가 있었고 21대 총선에서는 민주당 초선 고민정에게 졌습니다. 한물 간 정치인으로 그대로 묻혀도 이상할 것이 하나도 없었습니다.

21대 총선에서 민주당을 든든하게 밀어줬던 서울 시민들은 그러나 이번엔 달랐습니다. 재보궐선거 자체가 전임 시장들의 성추문으로 치러지게 된 것이 가장 큰 원인이었고, 부동산 폭등 및 관련 세금 인상 같은 민생 문제 등으로 야당에게 몰표를 주었습니다.

이 선거 후 11개월 만에 치러지는 2022년 21대 대선 또한 야당이 우세를 이어가던 상황이었습니다. 누가 나와도 국민의힘 쪽이 유리할 것으로 여론조사는 예상했습니다. 윤석열 후보가 경선에서 1위를 결정지은 직후의 여론조사에 따르면 역시 국민의힘이 우세였습니다. 정권을 심판하겠다는 여론이 강한 가운데 윤석열은 국민의힘 후보로 확정된 시점부터 이재명 후보에게 앞섰습니다.

하지만 시간이 지날수록 윤석열의 지지는 하락하고, 여론조사는 이재명 후보와 오차범위 내 접전을 보여줍니다. 원인은 윤 후보 스스로가 유권자들을 뜨악하게 만들었던 몇 가지 말과 태도로 인한 것이었습니다.

이를테면, 아래와 같은 사건들입니다.

선거운동 기간 중 논란을 일으킨 윤석열 후보의 발언들

- "없는 사람은 부정식품이라도 먹어야 한다."(2021년 7월 19일, 매일경제 인터뷰)
- "일본에서도 후쿠시마 원전이 폭발한 것은 아니다. 지진하고 해일이 있어서 피해가 컸지만 원전 자체가 붕괴된 것은 아니다. 그러니까 방사능 유출은 기본적으로 안 됐다." (2021년 8월 4일, 부산일보 인터뷰)

- "사람이 손발로 노동하는 것은 아프리카나 하는 것", "인문학은 공학이나 자연과학 분야를 공부하면서 병행해도 되는 것이며, 많은 학생들이 대학 4학년과 대학원까지 공부할 필요가 없다" (2021년 9월 13일, 안동대 학생들과의 간담회)
- "휴대전화로 앱을 깔면 어느 기업이 지금 어떤 종류의 사람을 필요로 한다는 걸 실시간 정보를 얻을 수 있을 때가 아마 1, 2학년 학생들이 졸업하기 전에 생길 것 같다." ('21년 12월 22일, 전북대 대학생 간담회)
- 고등학교부터는 학교를 좀 나눠야 할 것 같다. 기술고등학교, 예술고등학교, 과학고등학교…. (2022년 2월 9일, 홍진경 유튜브 채널 영상 중)

어처구니없는 발언을 하는 야당 후보에게 유권자들은 실망합니다. 더 좋은 공약, 더 나은 도덕성, 더 훌륭한 역량이 아니더라도 쉽게 당선될 수 있었던 선거를, 윤석열은 스스로 어렵게 만들어 갔습니다.

각종 실언과 간담회 참석 지각, 손바닥 '王' 자 논란, 쩍벌 논란, 도리도리 등 다양한 노이즈를 만들었고, 경제 유튜브 '삼프로티비' 인터뷰에서는 경제 지식에서 이재명과 수준 차이를 보입니다. 정권 교체를 바라던 지지자(정확히 표현하자면 민주당 반대자)들은 야당의 후보가 매우 뛰어난 역량과 경험보다는 무난하면서도 대통령으로 갖추어야 할 기본적인 품성과 지식, 판단력 등만 있으면 지지해 줄 작정이었습니다. 그러나 윤석열은 선거운동 초기 잠재적 지지자의 '당연한' 기대를 저버리며 스스로 지지율을 까먹습니다.

유권자가 대통령을 뽑는 행위를 소비자가 제품을 구매할 때 고려하는 요소들에 대입시켜 생각을 이어갈 수 있습니다. 뛰어난 품질과 최신 기술을 기대하며 요모조모 따져보고 조금 더 비싼 값을 주고 구매하는 제품이 있는 반면, 경우에 따라서는 대단히 좋지는 않아도 크게 문제가 없는 제품이라면 고민 없이 구매하는 제품도 있습니다. 이를테면, 최신 기술이 탑재된 신형 자동차를 구매하는 고객도 있지만 출시된 지 오랜 시간이 지나 '사골'이라 불리는 구형 모델을 구매하는 소비자도 존재하는 것입니다. 이들은 뛰어난 기능보다 오랜 기간 판매되며 검증된 내구성과 낮은 결함률, 기존 사용자의 호평, 유지 보수에 대한 편의성 등을 이유로 최신 모델보다 구 모델을 선택합니다. 즉 지불하는 가격과 사용 목적에 대비해서 기대하는 소비자의 품질은 차이가 있는 것입니다.

카노라는 학자는 이러한 소비자의 품질에 대한 기대를 크게 3가지 요인으로 나누었는데, '당연적 품질 요소, 일원적 품질 요소, 매력적 품질 요소'가 그것입니다.

냉장고를 예로 들어보겠습니다. 냉동실에 물을 넣으면 얼음이 되는 것은 '당연적 품질 요소'입니다. 얼음이 얼지 않는 냉장고는 본연의 기능을 수행하지 못하는 것으로, 구매할 이유 자체가 없어집니다. 반면 냉장고에서 큰 소음이 발생하지 않는 것은 '일원적 품질 요소'로 볼 수 있겠습니다. 작은 소음은 그냥 넘기겠지만 그 크기가 어느 정도 커지면 소비자의 불만이 함께 커지게 됩니다. 소음의 크기에 따라 만족도가 비례합니다. 만약 냉동실에 정수기가 달려 있고 정수된 물이 트레이^{tray}에 담겨 냉동이 완료되면 얼음통으로 옮겨지는 과정이 자동으로 이루어진다면 어떨까요. 소비자들은 미처 기대하지 않았던 새로운 기능에 환호할 것입니다. 이를 '매력적 품질 요소'라고 합니다. 소비자의 기대를 뛰어 넘어 'Wow' 반응을 이끌어낼 수 있지만, 이를 만족시키지 못했다고 실망하지는 않는 요소입니다.

기업이 집중해야 할 품질 요소의 순서는 당연적 〉 일원적 〉 매력적의 순서가 되어야 할 것입니다.

카노 모형

매력적 품질 요소
고객이 기대하지지 못했던 것을 충족시켜 주거나 고객의 기대를 훨씬 초과하는 만족을 주는 품질 요소. 설사 만족시키지 못하더라도 불만을 유발하지는 않음.

일원적 품질 요소
충족되면 만족하고, 충족되지 못하면 불만족이 증대됨.

당연적 품질 요소
충족이 되면 당연하고 충족이 되지 못하면 불만을 일으킴.

1등이니까 1등이다. 1위 마케팅

윤석열과 이재명은 2022년에 치러진 20대 대선 선거기간 내내 여론조사에서 엎치락뒤치락 1위와 2위를 주고받습니다. 여론조사의 오차와 신뢰 수준을 고려하면 둘의 지지율은 차이가 없다고 봐도 무방할 정도였습니다. 윤석열이 0.7% 차이로 승리한 결과는 사소한 돌발변수로 인해 당선 여부가 충분히 뒤바뀔 수 있었음을 보여줍니다.

두 후보의 지지율 차이의 근원은 둘 중 누군가의 지지율이 높아졌을 때보다 두 후보 중 한 명이 실수를 하거나 비호감을 샀을 때 벌어졌습니다. '누가 더 좋은 후보인가?'의 경쟁보다 '누가 덜 싫은 후보인가?'의 경쟁이 어느 때보다 치열했던 선거였습니다.

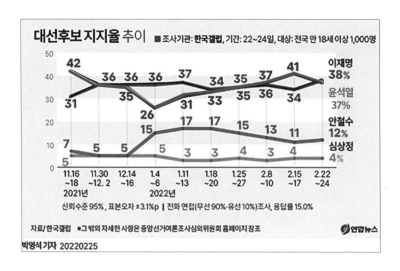

윤석열은 쩍벌, 도리도리, KTX 신발 신고 다리 올리기, 배우자 논란 등의 비호감을 사며 지지율이 하락하다가 이재명의 포퓰리즘 논란, 배우자 논란 등으로 윤석열의 지지율이 다시 상승함이 감지됩니다.

이즈음 윤석열은 '어퍼컷 세레머니'를 선보입니다. 선거유세 중 주먹을 아래에서 위로 힘차게 들어올리는 퍼포먼스입니다.

우리 기억 속의 어퍼컷 세레머니는 누가 뭐래도 2002 월드컵의 히딩크입니다. 골을 넣거나 경기에 이겼을 때, 지도자 히딩크의 힘찬 어퍼컷을 보고 한국인들은 한마음이 되어 시원함과 통쾌함을 느꼈습니다. 히딩크의 어퍼컷은 2002 월드컵 승리의 상징과도 같았고, 20세기말 IMF 사태의 열등감을 극복하고 성장한 21세기 한국의 당찬 승리로 우리 모두의 가슴에 깊이 새겨진 명장면입니다.

윤석열은 이 이미지를 차용합니다. "구름떼처럼 모인 관중 앞에서 붉은 옷을 입고 힘차게 어퍼컷을 날리는" 모습을 본 시민들은 승리자의 포효를 기억에서 소환합니다.

국민들의 기억 속에 '승리'의 상징인 어퍼컷 세레머니

윤석열 캠프 측에서는 이 세레머니를 미리 공들여 준비했을 것입니다. 엎치락뒤치락 하는 지지율에서 우위를 점하는 순간, 1등을 확인하고 굳히는 전략입니다. 승리자로서의 포지셔닝을 공고히 하기 위해 아껴둔 무기였을 것입니다. "나는 승리자다."라는 선언이며 이를 만방에 확인하는 퍼포먼스였습니다. 이 기획자 영리합니다.

2002 승리의 상징	이재명의 하이킥	부산 유세 중 어퍼컷 세레머니
(2002. 9. 9, 사진 : 조선일보)	(2022. 2. 15, 사진 : 뉴스1)	(2022. 2. 15, 사진=오마이포토)

윤석열의 어퍼컷 세레머니 며칠 후 이재명은 '하이킥'을 선보입니다. 이 퍼포먼스는 하지 말았어야 했습니다.

카피Copy는 압도적인 1등을 따라잡기 위해 한참 뒤처지는 2등이 하는 전형적인 전략입니다. 1등과 엎치락뒤치락 하는 2등은 1등을 점위하기 위해 카피를 하지 않습니다. 1등보다 우월한 요소를 무기로 공격합니다. 1등이 압도적일 경우, 무수한 후발주자 중 최고가 되기 위해 1등을 카피합니다. 아이폰이 처음 출시되었을 때, '옴니아'로 대응하다가 결국 실패를 인정하고 아이폰을 카피한 '갤럭시S'를 출시하며 지금까지도 2등 중 최고가 된 스마트폰의 사례를 상기하시면 쉽겠습니다.

하지만 기업은 시장에서 2등을 해도 괜찮지만 대선에서 2등은 아무 소용이 없습니다. 그런데 윤석열의 어퍼컷을 보고 그에 대응하여 하이킥을 퍼포먼스를 보였다는 것 자체로 본인이 2등임을 인정한 꼴이 되었습니다.

누구나 쉽게 할 수 있는 어퍼컷에 비하여 하이킥은 난이도가 높아 태권도 선수 출신이 아닌 이상 멋진 포즈가 나오기 어렵습니다. 그래서 사진에 찍힌 이재명의 하이킥은 우스꽝스런 모습으로 비쳐집니다. 50대 나이임을 감안하면, 퍼포먼스 중 혹시 넘어져서 망신을 당하거나 부상 위험까지 있었습니다. 엎친 데 덮친 격으로 하이킥 퍼포먼스에 허경영이 원조 논란까지 제기합니다. 1등을 놓고 겨루던 후보가 허경영과 엮이는 순간 또다시 우스워집니다.

어퍼컷 세레모니는 우리 국민들에게 환희, 승리의 기억을 되새겨 주는 매개였지만 하이킥은 모두가 공유하는 어떠한 상징성도 없습니다. 여러분은 하이킥이라는 단어를 들으면 어떤 기억이 가장 먼저 떠오르시나요? 개인의 지식과 경험에 따라 다르겠지만 많은 우리 국민들은, 10여 년 전 인기리에 방영되었던 〈거침없이 하이킥〉과 〈지붕 뚫고 하이킥〉이라는 시트콤을 떠올립니다. 이걸 확신할 수 있는 이유는 이 글을 쓰는 2022년 6월 현재 구글에서 '하이킥'을 검색하면 결과의 대부분을 이 두 시트콤이 차지한다는 사실을 근거로 들 수 있습니다. 이외에 하이킥이라는 단어를 듣고 이종격투기를 연상하는 분들도 있을 것입니다.

하이킹 이미지 검색 결과 (2022.06.19.)

후보별 긍정 · 부정 키워드									
더불어민주당 이재명					국민의힘 윤석열				
순위	긍정	빈도	부정	빈도	순위	긍정	빈도	부정	빈도
1	대세	640	욕설	4463	1	평화	295	망언	2170
2	정상적	450	범죄	3903	2	뛰어남	188	허위	1764
3	유능함	360	성매매	2558	3	신뢰함	170	가짜	1479
4	정의로움	354	부논	1934	4	낫다	167	뒤죠	972
5	최선	370	음주운전	1459	5	깨끗함	127	불법	900
6	적극적	257	망하다	1131	6	자격있다	106	내로남불	844
7	유능하다	188	대툰	1067	7	효감	103	갈등	821
8	일 잘하다	182	허위사실	1014	8	합리적	95	표절	691
9	뛰어나다	121	욕멍	980	9	옳다	95	무식한	505
10	합리적	104	표절	940	10	긍정함	40	학력위조	473

소셜 big data 분석 결과 후보별 긍정 부정 키워드

〈전자신문, "선택2022, 소셜데이터 속 대선후보 이미지, 李 '대세·욕설' VS 尹 '평화·망언'", 2022.02.08.〉

이 두 이미지 모두, 대선주자 이재명에게는 절대 적용해서는 안 되는 것들이었습니다.

하이킥 시트콤에 나오는 인물들은 극 중에서 사회·경제적 지위가 높더라도 예외 없이 과장되고 비현실적이며 우스꽝스러운 캐릭터들이었습니다. 언론 기사나 뉴스를 통해 '하이킥'이라는 단어가 들어간 이재명의 퍼포먼스를 보며 하이킥 시트콤을 떠올린 유권자들이 어떤 이미지를 이재명에게 투영했을지 예상하는 것은 어렵지 않습니다.

이재명의 긍정적 이미지는 '유능하다'는 키워드였습니다. 행정 경험이 전혀 없는 윤석열에 비해 대한민국에서 인구가 가장 많은 지자체를 성공적으로 이끌어온 경험은 '유능함'을 강조할 수 있는 확실한 차별점이었습니다. 그런데 이재명의 하이킥을 통해 과장되고 비현실적이며 우스꽝스러운 기억을 반추하도록 했으며, 허경영과 엮이며 희화화는 더욱 심화됩니다.

시트콤 하이킥을 잘 모르는 20대 청년들은 하이킥을 통해 '격투기' 이미지를 떠올렸을 것입니다. 이 이미지는 어떤가요?

빅데이터를 활용한 SNS 감성어 분석에 따르면, 이재명의 부정적 이미지 중 1위는 '무섭다'가 차지합니다. 형수욕설 논란, 조폭 연루 루머 등이 있었고, 도지사 시절 과감한 일처리가 다소 과격한 이미지로 대중의 기억에 자리 잡은 터입니다. 관련 기사 일부를 발췌해 봅니다.

SNS에 뜬 후보 이미지는

이재명 '무섭다' 윤석열 '갑갑하다' 안철수 '딱하다' 기사 중 일부

20일 빅데이터 분석 서비스인 썸트렌드에 따르면 공식 선거운동이 시작된 지난 15일부터 19일까지 트위터·블로그·인스타그램 등 SNS상에서 이재명 더불어민주당 후보와 윤석열 국민의힘 후보 모두 '지지하다'란 연관어가 가장 많이 언급됐다. …

하지만 이·윤 후보 모두 부정적인 이미지가 여전히 강한 것으로 빅데이터상 나타났다. 이 후보는 '위기' '의혹' '범죄' '무섭다' '삐뚤어지다' 등의 부정적인 단어가 많이 언급됐다. … 긍정적 연관어로는 이 후보는 '1위' '유능하다', 윤 후보는 '대단하다' '진심' 등이 나왔다.

선거운동이 시작되고 두 후보의 SNS상 언급량도 모두 늘어난 것으로 나타났다. 선거운동 첫날인 15일 이 후보는 10만 158건에서 19일 12만 9735건으로 20%가량 언급량이 증가했다. 윤 후보도 비슷했다. 같은 기간 9만 4918건에서 12만 3330건으로 늘었다.

- 출처: 한국경제신문 2022년 2월 20일
https://www.hankyung.com/politics/article/2022022055451

이재명은 대중들에게서 '무섭다'는 이미지를 최대한 지워내고, '유능함'이라는 긍정적 이미지를 강화할 필요가 있었습니다. 그런데 하이킥을 날리는 이종격투기 선수의 이미지라니요.

이재명은 선거 기간 중 성과를 객관적으로 증명하거나 토론에 나와 'RE100' 등 전문적인 용어까지도 잘 숙지하고 있는 등 유능한 행정 경험과 해박한 지식을 갖추고 있다는 점을 강조해 왔습니다.

그러나 선거 막바지 하이킥은 이렇게 공들여 쌓은 긍정적 이미지를 약화하고 부정적 이미지를 강화하는 자해 행위였으며 2등의 전략을 확인시켜 주는 최악의 퍼포먼스였습니다.

'유능함' 이미지 강화의 성공 사례
(삼프로 tv 출연, 2021.12.25.)

'무서움' 이미지의 사례
("망치 든 남자' 이재명…"부패 기득권 세력 부숴보겠다", 중앙일보, 2017. 1. 27.)

다른 수백 가지의 요인이 모여서 당락을 결정지었겠지만 한 표가 아쉬울 만큼 박빙의 결과였음을 감안한다면 어퍼컷 퍼포먼스를 기획한 윤석열의 마케터와 하이킥으로 카피한 이재명 캠프의 마케터 역량 차이 역시 당락을 가르는 데 어느 정도는 영향을 미쳤다고 봅니다.

다시 윤석열의 어퍼컷 세레머니로 돌아와 봅니다.

'우리 제품이 1위' 만큼 강력한 마케팅 메시지는 드뭅니다. 1위 포지션은 그 자체로 깊은 해자이며 소비자를 설득할 수 있는 결정적인 메시지입니다. 그래서 많은 기업들이 '1위'의 포지션을 차지하기 위해 노력합니다. "세상은 2등을 기억하지 않습니다." 라는 90년대 삼성의 광고 메시지는 다양한 사회적 논란을 야기 했지만 1등에 대한 집착이 지금의 삼성을 만들었음을 상기해 볼 필요가 있습니다.

업계 1위 기업이 보유한 시장 점유율은 그 자체로 고객의 선택 권과 더 많은 사업 기회 확보라는 장점을 가짐을 의미합니다. 업 계 표준을 만들 수 있고, 더 나아가 업계의 이미지를 자사의 이미 지로 활용할 수 있습니다. 이를테면 대중들이 비닐 테이프를 '스 카치 테이프'라고 하고, 스테이플러를 '호치키스'라고 부르는데, 이는 1위 기업의 제품명이 보통명사화 되어 널리 사용됨을 의미 합니다. '아반떼급 자동차' 라는 명칭으로 아반떼는 한국에서 준 중형 자동차의 표준처럼 인식된다거나 두통이 있을 때 약국에서 "타이레놀 주세요." 라며 자연스럽게 1위 기업의 제품을 찾는 것 처럼 1위라는 위치가 갖는 장점은 이루 말할 수가 없습니다. 이 와 같은 업계 1위의 성장성과 안정성의 장점으로, 기업들은 1위 를 쟁탈하고 수성하기 위한 치열한 경쟁을 벌입니다.

한편, 기존 시장의 카테고리에서 1위를 차지하지 못하는 제품 들은 포지션을 변경하거나 시장을 쪼개어 스스로 1위를 점유하 기도 합니다. 자동차 시장을 예로 들면, 시장 전체에서는 1등이 아니더라도 '경차 1등', '안전도 1등', '연비 1등' 등 고객의 니즈를 쪼개어 시장을 만든 후 그 자리에서 스스로 1등이 되는 것입니다.

업계 리더 기업과 도전 기업의 전략 차이

1위를 차지하고 있다는 사실만으로, 1위 기업은 큰 메리트를 보유한 상황으로, 시장 내 경쟁보다는 시장 자체를 키우는 전략에 집중하며 2위 기업의 도전을 방어한다.

	1위 기업	도전 기업
우위	특정한 기능이나 시장에서의 우월함보다 전반적인 영역에서 골고루 높은 평가를 받아야 함. 예) 여러모로 무난한 갤럭시폰	특정한 분야에서 1위 기업보다 월등히 앞서는 압도적인 우위 분야를 보유해야 함. 예) qwerty 자판을 가진 블랙베리 폰
기본방침	시장 자체의 성장	시장 내 점유율 침탈
중심전략	새로운 고객층의 발굴, 가격 정책의 회피, 동질화 대응	1위와의 혁신적 차별화

이재명

이익은 강조하고
손실은 숨겨라

↓

프로스펙트 이론, 성장 전략

가격 이론

2022년 치러진 21대 대선에서 이재명은 수많은 복지 공약을 내놓습니다. 생애주기별, 대상별로 국가에서 다양한 형태로 금전적/비금전적 지원을 해 주는 방안이었습니다. 실제로 이재명은 성남시장, 경기도지사 시절 자치단체 범위에서 여러 형태로 세금을 국민들에게 되돌려주는 정책을 펼쳤고, 시민들의 호평을 받아 민주당의 대선주자가 되는 자산이 되었습니다.

하지만 이러한 공약들은 재원을 필요로 합니다. 사회 전체적인 부의 증가에 따른 자연스러운 재정의 증가도 있지만, 이재명의 공약은 그를 뛰어넘는 파격적인 것들이 많아 선거기간 내내 논란이 되었습니다.

예를 들어 이재명의 공약 중 '생애 1회, 자발적 퇴사도 실업급여 지급'이 있습니다. 원래 실업급여는 회사의 경영악화로 인한 권고사직, 계약직의 계약기간 만료 등 비자발적 퇴사에만 지급하는 것이 원칙입니다.

하지만 신입사원들은 막상 취업해 보니 회사의 문화나 내 적성이 맞지 않는다든지 하는 이유로 자발적 퇴사를 많이 합니다. 바늘구멍처럼 어려운 취업 시장에서, 성공적인 취업의 상징과도 같은 대기업에서조차 신입사원의 퇴사로 골머리를 앓기도 합니다. 따라서 자발적 퇴사에도 한 번은 실업급여를 준다는 것은 청년들이 자신의 진짜 진로를 찾아가기 위해서 한 번쯤 회사를 그만 둘 기회를 준다는 좋은 취지의 제도입니다.

하지만 이 법안에는 이면이 있습니다. 자발적 퇴사자들에게 실업급여를 주기 위해서는 그만큼 더 많은 고용복지기금이 필요하고, 이는 재직 시 고용보험을 그만큼 더 많이 내야 한다는 말과 같습니다. 또한 입사 후 어려움을 꾹 참고 성실하게 직장을 다닌 이들이 돈을 모아서 자발적으로 퇴사한 이들에게 실업급여를 주는 구조로 이어집니다. 따라서 이 제도의 도입을 위해서는 제도의 수혜를 입지 못하는 사람들에게 추가 분담을 할 의향이 있는지 이해를 구해야 하는 것이 선행되어야 합니다.

그러나 이재명은 비용을 분담할 이들에게 의향을 묻지 않고, 수혜를 보는 쪽과 소통합니다. 그들은 당연히 열광적인 반응을 보입니다. 이를테면 '탈모약 건강보험 적용' 공약을 디씨인사이드 탈모 갤러리에 발표한 것입니다. 많은 탈모인들은 "이재명 심는다"며 지지를 표했고, 탈모약 관련 주식이 급등하는 식이었습니다. 제도의 도입으로 건보료를 더 많이 부담해야 할 이들이 탈모약을 공공의 복리로 인정하여 추가 지불에 흔쾌히 동의할까? 에 대한 합의 과정이 없었습니다. 결국 이러한 포퓰리즘성 정책들은 재정 악화를 우려하는 해당 분야 전문가들과 정책의 수혜를 받지 못하는 유권자의 비호감도를 더욱 강화시키는 계기가 되었습니다.

세상에 완벽한 제품은 없습니다. 모든 제품은 경쟁사 대비, 각각의 장점과 단점을 가지고 있습니다. 기업은 자사의 제품을 광고할 때, 제품이 가져다 주는 이익만을 강조하고 손실은 숨기고 싶어 합니다. 첨단 기능으로 무장한 신제품(장점)이 그러나 가격은 매우 높아졌다든지(단점), 달콤한 과자를 팔지만(장점) 칼로리가 높아 비만이나 심장질환의 원인이 될 수 있다는 사실(단점)은 감추고 싶어 하는 것들입니다. 이렇듯 유권자나 소비자를 설득할 때 당장의 이익을 강조하고 그로 인한 부작용은 언급을 최소화 하는 것은 '프로스펙트 이론'에 따른 것입니다.

프로스펙트 이론은 인간을 비합리적이고 감성적인 측면에서 의사결정을 내리는 약한 존재로 가정하는 행동경제학에 그 뿌리를 둡니다. 기존의 주류 경제학에서 가정한, '합리적 인간'의 가정과 배치됩니다. 이 이론에 따르면 인간은 습득한 정보를 객관적으로 처리하지 않고 주먹구구식 결정을 내리며 장래에 발생할 일보다는 당장 눈앞의 확실한 이익을 좇는 존재로 봅니다. 불확실성과 손실은 최대한 회피하고자 하므로, 이익을 강조하고 손실은 숨기는 방식으로 고객 설득이 가능하다는 이론입니다.

대선 공약 - 이익	손실
탈모약에 건강보험 적용	건강보험료 상승
생애 1회, 자발적 퇴사도 실업급여 지급	재직 중 고용보험료 상승
임플란트 건강보험 2회 → 4회로 확대	건강보험료 상승
기본 소득	
기본 대출	
코로나 손실보상	
비정규직 수당	세금 증가
벤처투자 예산	
GTX D, E, F	
…	

대선후보 TV 토론, 안철수 후보가 이재명의 공약이 포퓰리즘이라며 공격하고 있다

전문가들의 다양한 경고에도 불구하고 이재명이 포퓰리즘 정책으로 공격받을 수 있는 복지공약에 천착하는 데에는 유권자들이 눈앞의 이익에 반응하여 표를 줄 것이라는, 행동경제학을 바탕으로 한 프로스펙트 이론에 따른 전략이 아닐까 추측할 뿐입니다.

우리가 프로스펙트 이론을 가장 직접적으로 경험할 수 있는 곳은 온라인 쇼핑몰의 가격 표시입니다.

할인을 제시하여 소비자가 이익을 보는 느낌을 주는 온라인 쇼핑몰의 가격 표시

쇼핑몰은 상품 페이지에 유입된 고객을 어떻게든 구매로 연결시키고자 다양한 장치를 활용합니다. 대체로 많은 제품에서 준거 가격인 정가를 높이 표시하고 "당신에게만 혜택을 준다"는 식의 할인가격을 따로 제시하여 고객이 이 제품을 구매함으로써 얻을 이익을 구체적으로 제안합니다.

온라인 쇼핑몰은 경쟁사의 동향이나 원가의 반영 등을 이유로 표시가격을 자주 변경합니다. 이때 가격의 상승은 소비자가 알아차리지 못하게 조금씩 자주, 가격의 인하는 큰 광고와 함께 가끔 시행하며 이익 극대화 전략을 펼칩니다.

프로스펙트 이론과 최소 인식 가능 차이

이익보다 손실에 더 민감하게 반응한다.
기준점을 중심으로 이익과 손해를 평가하며, 이익과 손해 모두 효용이 체감한다는 것을 가정. 소비자는 절대치가 아닌 상대적 변화에 더 민감하게 반응한다는 이론.

프로스펙트 이론의 3가지 특성
- **준거 의존성** : 소비자가 어디에 기준을 두느냐에 따라 개인의 효용이 변화하므로 평가 대상의 가치가 결정된다.
- **민감도 체감성** : 이익이나 손실의 액수가 커짐에 따라 그 민감도는 감소한다.
- **손실 회피성** : 소비자는 가격의 인상을, 인하보다 훨씬 더 민감하게 반응한다.

최소 인식 가능 차이
소비자가 가격 차이를 인지할 수 있는 최소한의 가격 변화.
- 가격 인상은 최소 인식 가능 차이보다 작게 해야 소비자의 저항을 줄일 수 있고, 가격 인하는 최소 인식 가능 차이보다 크게 해야 '저렴하다'고 인지한 고객의 구매를 늘릴 수 있음.
- → **시사점** : 소비자들이 최소인식 가능 차이를 활용, 준거 가격을 높게 설정하고 가격을 인상시킬 때에는 조금씩 자주, 내릴 때에는 한 번에 크게 하여 총 구매량을 늘리는 방식을 선택.

성장 전략

20대 대선 기간 내내 윤석열과 접전을 펼쳤으나 선거가 다가올수록 이재명의 지지세가 점점 약화되는 상황이 감지됩니다. 경기도지사 재직 시절 부인이 직원에게 사적인 심부름을 시키고 법인카드를 사적 용도로 사용했다는 논란입니다.

하지만 사실 배우자의 자격 논란은 상대 후보인 윤석열이 훨씬 컸습니다. 윤석열의 부인인 김건희는 허위경력, 논문표절, 도이치모터스 주가조작 의혹, 뇌물 의혹, 세금체납, 무속인 연결 논란 등으로 남편의 비호감에 큰 몫을 했습니다. 잘못의 크기를 따지자면 법인카드의 사적 이용에 비해 김건희와 관련된 의혹들이 훨씬 무겁다고 할 수 있겠습니다.

그러나 잘못의 경중보다 폭로된 시점이 문제였습니다. 일찌감치 폭로되어 사과와 수습의 기회가 있었던 김건희의 논란과는 달리, 김혜경의 논란은 하필 선거를 코앞에 두고 터져나왔던 것입니다. 모처럼 앞서나가던 이재명의 지지율은 눈에 띄게 하락합니다. 그래도 다행히 시간이 전혀 없는 것은 아니었습니다. 어차피 잘못이 밝혀진 상황에서, 논란을 오래 끌고가기보다는 빠르게 사과하고 만회 전략을 개발합니다.

이재명 캠프 측은 성별 연령대별 유권자의 지지율을 분석하고, 남은 기간 동안 공략하여 최대한의 효율을 얻을 수 있는 계층으로 20~30대 여성을 선정합니다. 전통적으로 20~30대는 민주당의 강력한 지지층이었습니다. 그런데 2021년 4월에 치러진 서울과 부산시장 재보궐선거에서 이 전통적인 지지에 처음으로 균열이 생깁니다. 주택가격 폭등으로 아직 집을 마련하지 못한 이들이 많은 20~30대층의 지지율이 급격히 낮아졌습니다. 페미니즘 이슈와 더불어 특히 20~30대 남성들이 대거 민주당에 등을 돌렸습니다. 20~30대 여성들은 여전히 민주당을 지지하는가 싶었지만 역시 상대방인 국민의힘 쪽으로 지지를 바꾼다거나 아예 페미니즘을 정체성으로 하는 군소정당 쪽으로 표를 주는 비중도 눈에 띄게 높아졌습니다. 민주당은 전통적인 텃밭은 빼앗기며 어려운 싸움을 하게 된 것입니다.

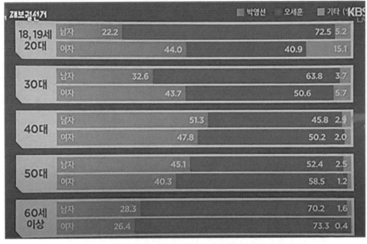

2021.04.02. 서울, 부산시장 재보궐선거 연령대별 지지율. 출처: KBS

40~50대는 어차피 민주당 지지가 우세하고, 60대 이상의 투표 성향을 바꾸는 것은 불가능해 보입니다. 20~30대 남성의 마음을 돌리기에는 역부족이었습니다. '페미니스트 대통령'을 보유한 정당으로서의 민주당의 정체성을 역행하기에는 리스크가 너무나 컸습니다.

한편, 20~30대 여성을 먼저 공략했던 것은 오히려 윤석열 캠프 측이었습니다. 2021년 12월 20일, 국민의힘은 급진적 페미니스트로 평가받는 신지예 한국여성정치네트워크 대표를 당내 직속기구인 새시대준비위원회 수석 부위원장으로 영입하고 지금껏 개척하지 못했던 새로운 세그먼트^{segment}의 공략을 시도합니다. 보수정당의 페미니스트 영입이라는 이 파격적인 발탁은 여야 양측에 충격을 주었습니다만 결국 다양한 논란 끝에 2022년 1월 3일 신지예는 새시대 준비위원회 수석 부위원장직 사퇴 선언, 해프닝으로 끝납니다. 급진적 페미니스트 영입으로 국민의힘이 20~30 여성들의 표를 많이 얻을 수 있는 것도 아니고, 오히려 기존 지지자들의 반발과 이탈이 감지되었던 탓으로 추정됩니다. 이후 윤석열과 국민의힘은 다시 본연의 지지기반을 강화하는 쪽으로 선회하며 여성가족부 폐지, 무고죄 강화, 게임사용자 권익 보호 등 20대 남성들의 표심을 잡기 위한 정책들을 내놓습니다. 가뜩이나 성별 갈등이 심화되던 시기였지만 이러한 청년 대상

공약은 효과를 거두었고 공약을 발표할 때마다 지지율 상승으로
이어졌습니다.

20대 남성을 겨냥한 병사 봉급 200만 원 (2022.01.09.) / 윤석열, 여성가족부 폐지 약속 (2022.01.07.)

    국민의힘의 좌충우돌 속에서 민주당의 전략은 명확해집니다.
국민의힘이 끌어안지 못했고, 그냥 두면 지난 재보궐선거 때와
같이 군소정당으로 향할 20~30대 여성을 민주당의 지지층으로
결집시키는 전략입니다. 남은 시간이 얼마 없고 20~30대 남성들
을 공략할 수 없다는 사실이 확인된 상황에서, 20~30대 여성에
게 친화적인 정책을 개발하여 어필하는 것은 현명한 판단이었습
니다.

    이재명은 2022년 1월 17일, 경기도 디지털성범죄 대응 추진단
에서 일하던 박지현을 선거대책위원회의 여성위원회 부위원장
겸 디지털성범죄 근절 특별위원장으로 영입합니다. 박지현은 미

성년자 등을 상대로 성착취 범죄를 저지르는 이른바 'n번방 텔레그램'을 조사한 '추적단 불꽃'의 일원이었습니다.

박지현의 이후 행보와는 무관하게, 결과적으로 이 영입은 지지율 향상에 기여합니다. 박지현의 발탁 계기가 된 '추적단불꽃' 활동은 잔혹한 성범죄에 대항하는 조직이었으므로 남녀 모두 공감하고 지지할 수 있었고 그래서 국민의힘 신지예 영입 때와 같은 급진적 페미니즘에 대한 논란이 일지 않았습니다. 덕분에 이후 선거운동의 과정에서도 여성가족부 폐지 공약을 내세운 윤석열을 향해 '젠더 갈라치기'라고 일갈하며 수세를 공세로 전환할 수 있게 됩니다.

박지현의 캠프 합류 후 20~30대 여성의 민주당 입당이 급격히 증가했고, 이는 선거 막바지 이재명 지지율 상승의 원동력이 되었습니다. 결과적으로 0.7% 차이를 넘지는 못하였지만 20~30대 여성 중 국민의힘을 지지했던 상대적으로 보수적인 유권자와 진보정당을 지지했던 페미니스트들의 지지를 다시 결집할 수 있었으므로 대선 기간 중 이재명 캠프의 가장 성공적인 캠페인으로 기록됩니다.

한편 이 영입으로 가장 큰 피해를 본 곳은 정의당이었습니다. 당시 여론조사에 따르면, 선거 초반 7% 이상의 지지율이 선거운동 기간 내내 지속적으로 하락하였으며, 민주당의 박지현 영입 즈음 해서는 5%를 유지하던 지지율이 3%대로 급락하고 심상정은 최종 2.37% 득표라는 최악의 결과를 얻게 됩니다.

경영은 자전거 타기와 같아서 멈추면 무너집니다. 기업은 끊임없이 성장해야 하는 숙명을 지닌 유기체입니다. 성장의 방법은, 새로운 제품을 내놓고 새로운 시장을 개척하는 방법입니다. 성장을 위한 마케팅 전략을 '제품'과 '시장'의 관점으로 분석한 전략 방안이 '앤소프의 시장 매트릭스'입니다. 이에 따르면 4가지의 세부 전략이 도출됩니다.

1. 기존 시장을 기존 제품으로 공략
2. 기존 시장을 신제품으로 공략
3. 신시장을 기존 제품으로 공략
4. 신시장을 신제품으로 공략

내연기관만 만들어왔던 자동차 회사에서 신모델 내연기관 자동차를 만들어 기존에 구축하고 있던 국내 영업망을 이용해 판매한다면 1번의 전략, 전기차를 신규로 개발해 기존 영업망을 통해 판매한다면 2번의 전략, 국내 소비자들로부터 검증을 받은 기존의 모델을 수출한다면 3번의 전략, 전기차 신모델을 개발하여 전기차시장이 빠르게 확대 중인 해외의 특정 국가에 판매를 시작한다면 4번 전략이겠습니다.

1번 전략은 리스크는 적으나 얻을 수 있는 효과도 제한적입니다. 반면 4번 전략은 리스크가 크지만 성공만 한다면 가장 큰 성장을 이룰 수 있습니다. 기업은 자사 제품의 자신감과 신시장 개척을 위한 투자 비용 등을 감안하여 확장 정책을 펼칩니다.

윤석열과 이재명 캠프는 둘 다 "새로운 인물을 발굴하여 새로운 유권자 계층을 공략한다"는 4번 전략을 기획했고, 각각 신지예와 박지현을 발탁하여 20~30대 여성 유권자를 타깃팅 했습니다. 결과적으로 신시장 개척에 윤석열 캠프는 실패했고 이재명 캠프는 성공했습니다.

앤소프의 시장 매트릭스

판매 성장을 위해 마케팅 전략을 구체적으로 수립하고 목표를 명확화 하기 위한 성장 전략으로, 1957년 하버드 비즈니스 리뷰에 처음 소개된 전략. 리스크 대비 투자 수익을 얻기 위한 경영자의 의사결정 과정을 돕기 위한 방안으로, 앤소프는 제품과 시장이라는 2개의 관점에서 사업의 성장과 확대를 제안.

	기존제품	신제품
기존 시장	시장 침투 (Market Penetration) - 기존 제품을 기존 시장에서 판매 확대	제품 개발 (Product Development) - 새로운 제품을 기존 시장에서 판매
신시장	시장 개발 (Market Development) - 신시장 개척, 수출 등 기존 제품을 새로운 시장에서 판매	다각화 (Diversification) - 새로운 제품을 새로운 고객에게 판매

정의당

과점 시장에서
나만의 영역을

경쟁 지위별 전략,
본원적 전략

경쟁 지위별 전략

정의당은 진보와 보수, 거대한 양대 세력이 존재하는 한국 정치에서 자신만의 독특한 위치를 효과적으로 점유해 왔습니다. 거대 양당이 진입하기 어려운 소수의 유권자에게 열렬한 지지를 받습니다. 한편으로는 수많은 갈래를 갖는 진보세력의 선도자이기도 합니다. 진보, 노동, 인권 등의 단어를 가장 효과적으로 독점하고 있습니다. 정의당이 어떤 노력과 역사를 통해 차별화된 입지를 구축하게 되었는지의 과정을 살펴보면 경쟁시장에서 기업들이 각자의 경쟁 지위에 따라 어떤 전략을 구사하는지를 알 수 있습니다.

정의당이 지금의 위치를 점유하기까지는 수많은 굴곡과 희생, 역경이 있었습니다. 많은 국민들로부터 이상주의자, 심지어 빨갱이라는 소리까지 들어가면서도 열성 지지자들의 헌신을 바탕으로 본연의 시장을 발견하고 개척해 왔습니다. 결이 조금씩 다른 수많은 진보세력들을 설득하여 힘을 합치기도 했고 다시 갈라지기도 하는 지난한 과정을 통해 현재까지 왔습니다.

이들의 지지계층은 명확합니다. 기존의 양대 정당이 정권을 주고받으면서 더 많은 지지층을 흡수하기 위해 다수가 만족할만한 정책들을 내놓는 과정에서 소수자들에 대한 배려, 사회적 약자들의 정당한 권리 등은 고려 대상의 우선순위에서 밀리게 되었습니다. 경제성장 위주의 효율성을 극대화하는 국가의 정책 방향에서 소외된 이들이 적지 않았습니다. 정의당은 이 틈새를 잘 파고듭니다. 많은 국민들을 포용할 수도 없고, 큰 금액의 후원을 받기도 쉽지 않지만 누군가는 대변해 줘야 할 계층들을 대표하고자 했습니다.

정의당의 지지계층은 다른 정당에 비하여 공고했습니다. 하지만 소수자에게 맞추어진 정책과 전략은 다수 대중의 지지를 이끌어내는 데에는 태생적인 한계를 갖습니다. 이를 극복하고자 조금씩 지지기반을 넓혀 대중들에게 사랑을 받고자 노력했습니다. 심상정의 시원한 일갈과 노회찬의 정곡을 찌르는 위트에 열광하는 대중이 증가하여 2018년에는 역대 최고 지지율인 15%를 점유하며 무려 지지율 2위 정당으로 오르기까지 했습니다. 정의당의 전성기였습니다.

치열한 경쟁이 벌어지는 시장에서 대체로 점유율이 가장 높은 1위 기업이 가장 큰 이익과 시장의 흐름 자체를 선도하는 유리한 입지를 갖지만 그 외에도 많은 기업들이 자신만의 위치에서 입지를 다지고 시장을 키워갑니다. 각자의 경쟁 지위에 따라 이들의 전략은 모두 다를 수밖에 없습니다.

이를테면 자동차시장에서는 전 세계 매출 및 생산대수 1위 기업 토요타가 선도자입니다. 거의 모든 종류의 자동차를 제조하고, 고급차부터 저렴한 대중적인 차량까지 넓은 제품라인을 갖췄습니다. 이들에게 도전하는 기업으로 폭스바겐, GM, 현대기아차 등이 있습니다. 이들은 시장 내 최고 위치를 차지하기 위하여 경쟁합니다.

반면 이러한 거대 기업과의 직접적인 경쟁을 피하고 선도자/도전자와 시장에서 공존하는 기업들이 있습니다. 이익이 크지 않아 대기업들이 기피하지만 라인업에서 뺄 수 없는 경차를 제조해 현대/기아차에 납품하는 '동희오토'를 예로 들 수 있겠습니다. 이들을 시장에서는 추종자라고 합니다.

이들보다 좀 더 적극적으로 시장 내에서 독자적인 입지를 구축하는 기업들이 있습니다. 패밀리카로 주로 세단을 타던 시장에서 SUV에 주력하여 차별화를 이끌었던 쌍용차를 예로 들 수 있겠습니다. 이들은 기존 선두주자들과의 직접적인 경쟁은 피하고, 자신만의 특성을 찾아 그 시장에서만큼은 타 기업들과 확실

시장 내 경쟁 지위별 전략

선도자

목표 시장 내에서 가장 큰 시장 점유율을 차지하고 있으며 강력한 시장 지배력을 행사하는 기업. 다른 경쟁기업들로부터 도전과 모방의 대상이 되며, 가격, 제품경쟁력 등에서 타 기업들을 선도한다. 독보적인 시장 지배력을 바탕으로 안정적 시장 지위를 보유하지만, 도전자의 공격과 모방으로부터 방어해야 하고, 경쟁자와 정해진 시장의 크기를 놓고 다투기보다는 시장 자체를 키워나가야 하는 책무가 주어진다.

도전자

시장 점유율 확보를 위하여 다양한 마케팅 전략을 구사하며 선도자와 후발주자를 공격한다.

추종자

경쟁 기업과 공존하며 현재의 위치에 만족하는 기업. 현재의 상태를 유지하는 것을 목표로 도전자 선도자나 도전자와는 차별화된 저가/저품질 또는 고가/고품질의 서비스를 유지한다. 선도자나 도전자의 공격에 노출되지 않는 전략을 구축한다.

적소자

경쟁기업들이 간과하거나 관심을 기울이지 않는 세분화된 틈새시장을 목표시장으로 정하고 그 시장에서 유일한 기업과 제품이 되도록 노력하는 기업이다. 시장 적소자로 성공하기 위해서는 성장 가능성은 높으나 경쟁자들이 놓치고 있는 틈새시장을 발견하여 그 시장 내에서 최고가 될 수 있는 충분한 기술과 노하우를 보유해야 한다.

히 차별화되는 기술과 노하우로 스스로 시장과 고객을 만드는 기업입니다.

본원적 전략

정당도 기업도, 살아남기 위해서는 필사적으로 성장해야 합니다. 성장이 멈추면 유지하지 못하고 퇴보합니다. 경쟁자들이 성장하기 때문입니다. 정당의 성장이라면 지지율의 상승을, 기업이라면 매출/이익의 상승을 의미할 것입니다. 정의당의 생존과 성장 과정은 마이클 포터의 이론인 '본원적 전략'의 모범 사례로 꼽힐만 합니다. 본원적 전략이란 기업이 경쟁에서 생존하고 성장하기 위해 우선적으로 해야 하는 요소, 즉 선택과 집중 전략을 의미합니다.

기존의 거대 정당들이 오랜 시간 동안 축적한 브랜드와 조직, 스타 정치인과 든든한 후원자들에 비해 정의당의 자원은 매우 한정되어 있었습니다. 재력가의 후원을 받기 어려웠고 언론은 냉담했습니다. 그래도 헌신적인 실천가들의 노력으로 바닥을 다지며 성장했고, 20대, 21대 국회에서는 6명씩의 국회의원을 배출했습니다. 90년대, 국회의원 1명 배출 자체가 목적이던 시절도 있었던 것을 생각하면 지금의 위세는 격세지감을 느끼게 합니다.

본원적 전략은 경쟁우위와 경쟁 영역의 정도에 따라 원가우위,

차별화, 집중화의 관점에서 경쟁 영역과 우위의 원천을 설명합니다. 이 이론에 따르면 정의당으로 대표되는 진보정당은 성장 과정에서 다음과 같은 전략을 구사하며 성공해 왔습니다.

원가우위

진보정당 국회의원들은 본인의 세비를 1/2로 나누어 절반만 갖고 나머지는 당 운영비로 납부합니다. 주로 소수자들을 위한 정책들을 펼치다 보니 기업 등 큰 규모의 후원에 한계가 있고, 적은 운영비로 최선의 결과를 내야 하는 구조를 갖게 되었습니다. 이렇게 보유한 자원을 최대한 아껴 쓰는 짠물 전략으로 놀라운 성과를 이루어 냅니다.

차별화/집중화

장애인, 여성, 해고자 등 기존 정당들이 크게 관심을 갖지 않던 계층들에 집중하여 함께하고 열렬한 지지를 얻어내게 됩니다. 최근 들어 성소수자, 타투 아티스트 등 다양한 소수자 그룹들을 발굴하여 연대하고 그룹을 키워갑니다.

본래 본원적 전략은 자원이 부족한 기업보다 풍요로운 기업에게 훨씬 유리한 전략입니다. 원가우위를 확보하기 위해서는 제품의 대량생산, 대량판매가 전제되어야 합니다. 이를테면 자동차를 1만 대 생산하는 기업은 1천 대 생산하는 기업보다 타이어, 유리, 시트 등 원자재를 구매할 때 대량구매로 가격을 더 크게 낮출 수 있음을 상기해 보면 쉽겠습니다. 토요타, 삼성전자 등 세계 굴지의 제조업체들은 품질의 희생을 최소화 하며 원가를 낮출 수 있는 다양한 방식의 전문성을 보유하고 있습니다.

원가우위 전략은 작은 기업이 어설프게 따라 하다가는 품질에 문제가 생겨 오히려 경쟁력을 해치는 사례들이 생길 수도 있습니다. 정의당은 종종 당직자들이 비상식적인 처우를 받거나 당직자의 성추행 등 내부고발로 홍역을 치르기도 합니다. 원가우위를 추구하는 과정에서 적은 보수에 많은 양의 근로를 감당하며 발생하는 부작용입니다. 유사한 스캔들이라도, 진보정당에서 발생하면 지지자들은 더 크게 실망하고 지지를 철회할 확률이 더 큽니다. 본인의 사회 경제적 이익에 투표하는 유권자들과 달리 진보정당은 사회적 약자에 대한 연대와 도덕성, 공정한 가치 등에 공감하는 이들의 지지를 받기 때문입니다. 정의당의 조직

강민진 청년정의당 대표의 갑질 사건

- '청년정의당'은 정의당 내 청년정당으로, 만 35세 이하 정의당원들이 2021년 3월 23일에 출범.
- 초대 위원장인 강민진 대표가 당직자들에게 갑질, 직장 내 괴롭힘의 갑질을 가했으며 자가용 운전, 개인택배 반품 등 업무와 관계없는 사적인 일을 시켰다는 당내 폭로(2022.03.15.)로 사퇴한 사건.

이 성장하며 종종 발생하는 부도덕한 사건들은 차별화와 집중화 전략에 타격을 줍니다.

원가우위처럼 차별화 또한 큰 기업에 유리합니다. 선진시장과 후발시장의 제품라인을 다양하게 운영하며 그 시장에서 확실한 우위를 점할 수 있습니다. 현대자동차가 국내에서는 반응이 별로 좋지 않았던 경차 아토즈를 차량의 높이가 높다는 점에 착안, 터번을 쓰는 인도인을 타깃으로 한 현지화로 기아 비스토, 현대 아토즈가 인도 국민차로 자리매김하며 인기를 끌었던 것이 좋은 사례이겠습니다.

반면 집중화는 신규업체, 소수정당에 유리한 전략입니다. 특화된 제품을 만들어 대기업과의 직접적인 경쟁을 피하고 프리미엄 입지를 구축했던 Sky 휴대폰, 대전 지역에서 특성화된 빵을 만들어 파는 성심당 등이 좋은 예가 되겠습니다.

본원적 전략의 유형

- **원가우위** : 낮은 원가로 낮은 가격의 제품/서비스를 소비자에게 제공하는 전략.
- **차별화** : 경쟁 기업과 다른 제품/서비스를 소비자에게 제공하고 더 높은 가격을 받는 전략.
- **집중화** : 특정 지역 또는 시장에 존재하는 특성화된 고객을 타깃팅 하여 큰 시장을 공략하는 거대 플레이어와의 직접적인 경쟁을 회피하는 전략.

조선일보

리더들의 생각

준거집단

준거집단

지금은 온라인 언론이 많아지고 개인 SNS 등이 발달하며 영향력이 많이 약해졌지만, 해방 이후 지금까지 조선일보는 우리나라에서 열독률과 구독부수가 가장 많은 1등 언론을 놓친 적이 없습니다. 조선일보의 보도에 따라 정치인의 지지율이 바뀌는 경우가 많았고, 실제로 조선일보의 사주는 자타가 공인하는 '밤의 대통령'으로 현실 정치에 큰 영향력을 끼쳐 왔습니다.

오랫동안 1등 언론의 지위를 유지하는 데에 대한 여러 분석들이 있습니다. 조선일보는 정치, 사회뿐만 아니라 교육, 문화, 경제, 연예, 스포츠 등과 같은 분야에서도 다른 일간지를 압도하는 분량의 풍부한 읽을거리를 제공하고 편집이나 디자인도 가장 깔끔합니다. 조선일보에 대항하기 위해 2~3위 신문뿐만 아니라 신생 언론사들도 더 좋은 기사와 차별화된 관점, 심지어 구독자에 대한 파격적인 사은품 제공 등 갖은 노력을 기울였으나 누구도 성공하지 못했습니다.

시장의 압도적 선도자로서의 위상은 그 자체로 경쟁사가 넘볼 수 없는 깊은 해자가 됩니다. 확실한 수익 모델을 통해 더 많은 돈을 투자할 수 있으니 더 좋은 급여로 우수한 기자들을 선발하여 다양한 기사를 쓸 수 있습니다. 돈이 많이 들어가는 탐사보도나 기획취재를 할 수 있게 되고, 그에 따라 기사의 질이 높아져 더 많은 열독자를 확보하는 선순환이 일어나는 등 업계 1위가 가질 수 있는 강점을 보유하게 되는 것입니다.

그런데 조선일보가 1등 언론사가 됨으로써 확보할 수 있는 가장 큰 자산은 따로 있습니다. 다른 산업과는 달리, 언론사만이 가질 수 있는 장점입니다. '의제 설정 능력'입니다. 정치인과 고위 공직자들이 다수 국민을 위한 정책을 만들기 위해 여론을 살필 때 국민들이 가장 많이 보는 언론사를 참조하는 것은 당연합니다. 조선일보는 열독률이 가장 높은 신문이 되어 기사와 논조가 파워 엘리트들에게 영향을 미치게 됩니다. 정치 행정 엘리트들이 여론을 파악할 때 조선일보를 참조하여 정책에 반영하니, 국민들은 다시 조선일보를 통해 정치 행정 엘리트의 생각을 가늠하고자 합니다. 결과를 예측하기 어려운 사건을 만났을 때에도 조선일보는 판단의 중요한 참조자료가 됩니다. A 정치인의 비리 문제가 사회적 물의를 일으켰다고 가정했을 때, 이 사건을 어떤 측면에서 보느냐에 따라 조직적이고 근본적인 비리로 자리 잡을 수도, 오래된 관행을 따른 것으로 실수로 벌어진 것으로도 프레이밍이 가능합니다. 기사 몇 줄을 다르게 쓰게 됨으로써 말입니다.

이러한 기사의 방향은 파워 엘리트와 이들을 바라보는 국민들의 판단에도 영향을 미치게 됩니다. 즉 조선일보는 그 자체로 '준거집단'이 되고, 조선일보를 보는 많은 이들은 자신이 속하고자 하는 '기대열망집단'의 생각을 조선일보를 통해 좀 더 구체적으로 읽을 수 있게 됩니다. 내가 속한 회사의 임원이 되고 싶다는 열망을 가진 신입사원은 기존 임원들을 준거집단으로 삼아 그 판단과 행동을 보며 모방하고자 하는데, 임원들이 주로 조선일보를 보며 정보를 얻고 판단에 영향을 받는다면, 신입사원도 조선일보를 봄으로써 그들의 가치와 규범을 짐작할 수 있는 상황을 생각해 보면 됩니다.

이렇게 조선일보는 국민들이 준거집단으로 삼는 파워 엘리트들에게 스스로 준거집단이 되며 다양한 영향력을 끼치고 있으며 그 과정에서 보도 윤리와 언론의 정치적 중립 등을 끊임없이 검증받고 있습니다. 1등 언론사의 독점적 지위를 고려한다면, 사회적 책임을 좀 더 무겁게 감당해야 하는 것은 당연한 일입니다.

기업은 '준거집단'을 마케팅에 다양한 방식으로 활용합니다.

이를테면 청소년을 대상으로 운동화를 판매하는 마케팅을 할 때, 타깃 고객층이 '상징적 열망 집단'으로 삼는 유명 운동선수를 광고 모델로 기용하여 판매하는 제품에 운동선수의 이미지를 입히는 식입니다. 광고 모델로 그렇게 많은 연예인과 운동선수가 등장하는 이유입니다.

준거집단

- 개인의 행동에 직 / 간접적으로 영향을 미치는 집단. 개인에게 규범과 가치를 제공하여 개인의 사고와 행동에 영향력을 행사
- 분류

회원 집단 : 본인이 구성원의 일원으로 속하는 집단

	접촉 빈도	
	높음 (1차집단)	낮음 (2차집단)
비공식	1차 비공식 집단 : 가족, 친구 - 자주 만나며 친밀한 관계를 유지	2차 비공식 집단 : 동아리 등 - 자주 만나지 않으나 친밀함
공식	1차 공식 집단 : 학교/직장 동료 - 공식 관계 유지, 자주 만남	2차 공식 집단 : 동문회, 교회 등 - 구성원 자격이 명확하고 조직 / 명단이 문서화 되어 있음

비회원 집단 : 본인이 속해 있지 않은 집단

열망 집단	기대 열망 집단	개인이 장래에 속하고 싶은 집단으로, 직접적인 접촉이 있음 예) 내가 다니는 기업의 임원
	상징적 열망 집단	향후에도 속하기는 어렵지만 소속되기를 희망하는 집단 예) 좋아하는 연예인, 스포츠맨, 정치인 등 → 마케터가 가장 주목하는 준거집단으로, 연예인을 광고에 등장시

	켜 유명인의 이미지를 제품에 투사, 소비자의 상징적 열망 집단 소속 욕구를 자극
회피집단	개인이 가치나 행동을 따르지 않고자 하는 집단 예) 젊은 세대들이 2 : 8 가르마 스타일을 회피

준거집단이 소비자 선택에 미치는 영향

정보적 영향

소비자는 구매 선택 시 구매 행위의 적절성을 판단하기 위해 자신과 유사하다고 생각하는 사람을 준거인으로 선택하여 비교하는 경향이 있다. 즉 준거집단의 구매 행동을 모방하려는 경향을 보인다. 예) 회사의 임원이 사용하는 휴대폰을 같이 구매.

규범적 영향

보상 획득이나 처벌의 회피와 같은 실용적 목적으로 준거집단의 규범에 순응할 때 발생한다.

예) 집에서는 소주를 먹는데, 접대용 위스키를 구매해 놓고 준거집단의 손님이 왔을 때에 내놓음.

가치 표현적 영향

특정 집단에 소속되고 싶거나 그 집단에 소속되었을 때 구성원의 규범, 가치, 행동을 따르게 된다.

예) 또래 집단에서 자주 사용하는 언어를 사용, 대학생들이 학교 로고가 새겨진 야구점퍼를 입음.

준거집단 영향력의 원천

구성원들이 집단의 규범과 가치에 순응하도록 미치는 영향력은 준거집단의 '사회적 힘'에서 발생한다. 사회적 힘은 타인에게 미칠 수 있는 영향력의 총체를 의미한다.

강제적 힘	집단의 규범에 따르지 않을 시 소속 자체를 박탈하거나 처벌을 받을 수 있는 공포나 물리적 힘 예) 회사의 규정을 위반하면 징계 또는 퇴사 조치
보상적 힘	집단의 영향력에 순응할 시 가치 있는 것을 제공할 수 있는 능력으로부터 나오는 힘 예) 회사의 규정을 잘 따르면 승진, 보너스 제공 등
전문적 힘	전문적 기술이나 지식에서 오는 영향력 예) 의사가 조언해 주는 의학 지식은 높은 신뢰성을 가짐.
합법적 힘	집단 내에서 영향력 있는 지위 / 역할을 담당하며 얻게 되는 공식적 권한이 행사하는 힘 예) 직장 상사의 업무 지시
준거적 힘	개인에 대한 존경, 본받고자 하는 태도나 행동을 본받고자 하는 열망에서 나오는 힘 예) 연예인이 자주 사용하는 브랜드를 갖고 싶어 함

김대중

편견을 극복하고
대통령까지

↓

선택적 지각과 오해,
소비자의 태도 변화 이론

선택적 지각과 오해

　김대중 전 대통령은 오랜 기간 동안 다수 대중들로부터 그가 '공산주의자'이며, 북한에 나라를 바치려고 정치를 한다는 오해에 시달렸습니다. 지금도 어떤 이들을 여전히 김대중이 공산주의자였으며, 그래서 북한에 금전적 지원을 한 것이라고 주장합니다. 그러나 이는 정적 집단이 씌워놓은 음해에 불과했음이 밝혀졌습니다. 만약 김대중이 진짜 북한에 의한 흡수통일을 목표로 정치를 했다면, 대통령 재직기간 중 이를 성사시킬 수 있었습니다. 하지만 그런 일은 일어나지 않았고, '김대중은 공산주의자'라는 소문은 오해임이 밝혀졌습니다.

　이러한 오해를 받게 된 데에는 당시 오랜 기간 권력을 잡고 있던 박정희 대통령의 장기집권을 비판하고 투쟁하는 과정에서 정권과 언론이 누명을 씌웠기 때문이었습니다. 무엇보다 1980년 광주민주화운동의 상징과도 같은 인물이었는데, 당시 전두환 정부는 이 사건의 배후를 북한과 이에 동조한 이들로 지목해 공격합니다.

김대중은 '공산주의자'라는 굴레로 인해 오랜 기간 대통령에 당선되지 못했습니다. 군사독재가 끝나고 국민들이 다양한 정보를 얻을 수 있게 된 후, 오해가 풀리며 마침 IMF 사태가 벌어지는 외부 환경도 있어 5번의 도전 끝에 비로소 대통령이 될 수 있었습니다.

그러나 여전히 오랜 세월 동안 '김대중은 공산주의자'라고 생각해 왔던 이들과 지금도 그렇게 생각하는 이들이 있습니다.(이렇듯, 믿고 싶은 것만 골라서 이해하는 것을 '선택적 이해'라고 합니다.) 자신의 신념이나 상식이 틀린 것이라고 인정하는 것은 인간에게 쉽지 않습니다. "김대중은 공산주의자가 아니다." 라는 주장이나 근거에는 관심을 갖지 않고, "김대중은 공산주의자다." 라고 주장을 하는 사람의 말에 더 귀를 기울이게 됩니다. (자신이 원하는 정보만 골라서 기억하는 것을 '선택적 기억'이라 합니다.)

인간에게는 매일 엄청난 자극과 정보가 주어지는데, 이를 모두 받아들여 인지할 수는 없습니다. 때문에 이 중에서 더 중요하다고 여겨지는 것이나 반복해서 주어지는 자극과 정보 또는 기존의 기억과 연결하여 떠올릴 수 있는 기억을 저장합니다. 이를 선택적 지각이라고 합니다. 인간의 선택적 지각은 종종 오해로 이어집니다. 소비자에게 유입된 정보가 마케터의 의도대로 지각되거나 처리되지 않아 생기는 오해를 경계해야 합니다. 대중의 선택적 지각으로 인한 오해는 종종 정치인이나 회사를 위기에 빠뜨리기도 합니다.

대표적인 사건이 1989년 라면을 튀기는 데 사용된 공업용 우지파동사건입니다.

1989년 서울지방검찰청에 라면 회사들이 공업용 우지(쇠기름)로 면을 튀겼다는 익명의 투서가 접수됩니다. 검찰은 삼양식품, 오뚜기식품 등 5개 업체를 적발하고 회사 대표와 실무자 등 10명을 구속, 입건합니다. 당시 검찰은 이들이 사용한 우지에 문제가 있었고 품질이 양호하지 않은 9개 항목으로 구체적으로 지목했으며, 완제품의 유해성은 알 수 없으나 유해 소지가 있다는 주장을 했습니다.

언론은 이 사태를 대서특필하고 소비자는 불안해 합니다. 우지를 사용한 라면들은 판매량이 곤두박질쳤고 국민들은 해당 라면 제조사를 비난했습니다. 이 사건에 가장 직접적인 피해를 받은 삼양식품은 회사의 존립 자체를 위협받을 정도였습니다.

라면 제조사들은 위생에 문제가 없다고 주장했지만 국민들에게 공공의 적으로 내몰린 만큼 억울함을 호소할 길이 없었습니다. 한편, 사건 발생 후 국립보건원에서 분석한 결과 제품에 이상

선택적 지각

소비자는 매일 다량의 정보와 자극을 접하는데, 이를 모두 인지하여 기억할 수 없으니, 극히 일부분만을 받아들여 지각한다. 이렇게 선택되는 자극은 자극의 강도와 중요도, 소비자가 갖는 개인적 동기에 의해 결정된다.

선택적 노출 : 소비자는 자신이 관심을 갖는 정보에만 관심을 기울인다.
예) 여고생에게 자동차 광고를 아무리 많이 해봐야 자신과 관계없는 일이라 주
   목하거나 기억하지 않고 흘려버림

선택적 주의 : 소비자는 욕구나 흥미와 관련한 자극을 더 잘 인지하고, 관계없는 것의 인식을 약화시킨다.
예) '의자가 필요하다'는 생각이 있으면, 쇼핑몰에서 여러 제품을 보는 중에 유난
   히 의자에 관한 정보가 눈에 잘 띄고, 다른 물건들은 눈에 들어오지 않는다.

선택적 이해 : 기존의 지식과 다른 정보를 접한 소비자들은, 그를 자신의 신념과 일치하도록 이해한다.
예) 진화론을 믿지 않는 창조론자들은 진화의 흔적이 발견되어도 그 모두가 신의 창조물이라고 이해

선택적 기억 : 자신의 신념을 지지하는 정보만을 골라서 기억하고, 그렇지 않은 자극은 기억하지 않는다. 예) 머피의 법칙

오해

유입된 정보를, 소비자들이 마케터가 원하는 방식으로 이해하지 않는 상황들
• 소비자의 정보처리 동기가 낮을 때(즉 별로 관심을 두고 싶지 않을 때)
• 정보처리 지식/능력이 낮을 때 (판매하고자 하는 제품에 대한 관련 지식이 적을 때)
• 시간이나 기회가 충분히 주어지지 않을 때

이 없는 것으로 밝혀졌고, 보건사회부에서도 라면을 수거하여 검사한 결과 규정에 어긋나는 제품은 없었다고 밝혔습니다. 라면 회사들은 항고하였고, 1995년 서울고등법원에서 무죄를, 1997년 대법원에서도 무죄를 선고 받으며 사건은 종결되었습니다.

하지만 최종 무죄판결을 받음에도 이미 삼양식품등 우지를 사용했던 라면 회사들은 이 사건으로 치명타를 입었습니다. 10여 년에 걸친 법정소송 결과 결백을 인정받았으나 그 기간 동안 점유율은 급격히 낮아졌습니다. 전문 연구기관에 의해 인체에 무해함이 밝혀졌음에도 불구하고 라면에 우지를 쓰는 것은 지금까지도 금기시 되어, 라면에는 팜유 같은 식물성유를 사용하고 있습니다.

진실 여부와 무관하게 소비자의 선택적 기억이 얼마나 오랜 기간 동안 변하지 않는지를 알려주는 사례입니다.

소비자의 태도 변화

김대중은 17대 대선에서 김영삼에게 패배해 낙선한 후 정계은 퇴를 선언합니다. 지지기반 지역의 인구가 적고, '공산당'이라는 뿌리 깊은 오해는 풀기 어려웠으며, 무엇보다 너무 많이 대선에서 낙선하였습니다.

전임 김영삼 대통령은 취임 초기 70%의 지지도를 얻을 만큼 높은 국민적 지지를 얻었는데, IMF라는 초유의 국가위기사태와 자녀의 비리문제 등으로 국민들의 태도가 급격히 변합니다. 퇴임 당시 지지율은 6%에 불과했습니다. 사람의 마음은 잘 변하지 않을 것 같지만 IMF 국가부도라는 재난적 위기에 처하자 국민들은 차갑게 마음을 돌립니다. 그렇게 김대중은 IMF 금융위기로 나라가 누란에 위기에 있던 1997년 겨울, 대한민국의 15대 대통령이 됩니다.

기업과 제품을 대하는 고객의 충성도와 태도 또한 변화하기도 합니다. 어제까지 별로 좋아하지 않던 브랜드를 신제품이나 광고 등을 통해 호감을 갖게 될 수도 있고, 오랫동안 구매해 오던 제품의 구매를 특정한 사건으로 중단하기도 합니다. 화장품 광고에 미녀 연예인을 활용하거나 운동 브랜드 광고에 유명 스포츠 스타를 기용하는 것도, 스타를 사랑하는 이미지를 제품에 투영하기 위한 방법입니다. "내가 저 스타를 좋아하는데, 그가 광고하는 제품이니 호감을 갖는다"는 의식의 흐름입니다. 광고 모델로 이미지를 개선한 성공적인 사례 중 아이유의 소주 광고가 있습니다. 이전까지 소주는 주 소비층으로 남성을 겨냥했는데, 알코올 도수가 낮은 순한 소주를 개발하여 젊은 여성을 타깃팅 한 것입니다. 아직 20대인 아이유가 소주를 마시는 광고를 보고, 젊은 여성들도 소주에 대한 선입견을 버리고 한번 시도해볼만한 것으로 여겼던 것입니다.

반면, 부정적인 이미지를 주는 연예인은 오히려 제품의 이미지에 나쁜 영향을 줍니다. 요즘엔 거의 없지만, 10여 년 전만 해도 연예인이 마약이나 도박사건에 연루되는 경우가 종종 있었습니다. 그럴 때 가장 당황하는 이들은 광고주입니다. 광고 모델이 범죄에 연루되면 자사 제품의 이미지에 심대한 타격을 입게 되어, 서둘러 광고를 내리고 모델을 교체할 수밖에 없기 때문입니다.

소비자 태도 변화 이론

균형이론 : 자신이 기존에 가지고 있던 신념과 제품을 대하는 태도 간에 일관성을 이룰 때 편안함을 느껴, 신념이나 태도 둘 중 하나를 바꿈.

예) 소주는 별로 맛도 없고 나이 든 사람들이 먹는 음료라고 생각하고 먹지 않았는데, 내가 좋아하는, 나와 나이도 비슷한 아이유가 광고를 하는 것을 보니 나도 소주를 한 번 먹어볼까?

일치성 이론 : 신념과 태도의 균형을 회복하는 과정에서, 태도의 영향력이 더 큼.

예) 내가 좋아하는 A 연예인이 갑질사건으로 사회에 물의를 일으킨 기업의 광고 모델을 하고 있네. 저 회사는 물론이고 A도 정이 떨어졌어.

인지부조화 이론 : 심사숙고해서 중요한 결정을 했는데, 선택하지 않은 대안이 더 좋은 것으로 느껴져 후회가 되는 상황.

예) 좀 더 비싼 가격을 주고 전기차를 구매했는데, 막상 타 보니 연료비가 적게 드는 것은 좋지만 충전 시간이 많이 걸리고 충전소 찾기가 어려움을 느낌. 이럴 거면 그냥 가솔린 자동차를 살 걸.

자기지각 이론 : 자신의 행동으로부터 태도의 변화를 추론한다.

예) 평소에는 관심이 없었으나 할인을 많이 한다는 이유로 특정 브랜드의 제품
을 구매했다면, 소비자는 제품 구매의 원인을 할인보다는 자신이 원래 그 브
랜드를 좋아했다며 태도를 바꿈

사회 판단 이론 : 외부의 자극이 주어졌을 때, 자신이 기존에 갖고 있던 사회적
판단 기준에 따라 수용 영역에 들어오면 실제보다 더 긍정적으로 해석하고(동화
효과) 설득이 되지 않으면 실제보다 더 부정적으로 해석 (대조효과)

예) "이 음료를 마시면 하늘을 날아다니는 기분이에요." 라는 광고 메시지를 보
았을 때, "하늘을 난다"는 표현이 과장된 것임을 알지만 그만큼 상쾌하다는
것을 긍정하면 광고에 동화. 하지만 그 음료가 그다지 상쾌하지 않았다면 그
음료를 더욱 부정함.

이인제

오래오래 행복하게
살았답니다

제품의 수명주기 이론

제품수명주기 이론

대중에게 이름이 알려진 정치인들은 일반인이 생각하는 이상으로 대단한 사람들입니다. 우리가 술안주로 잘근잘근 씹어대는 정치인들마저도 일반인은 진입하기조차 어려운 분야에서 빠른 시간에 독보적인 성과를 내며 두각을 나타내고 가시적인 성취를 이룬 후에 정치에 진입하여 또 그 내부 경쟁에서까지 승리한 이들입니다. 비결이 무엇이든 정치인이 되어서 오랜 기간 생명을 유지하는 것은 평범함과는 거리가 먼 일입니다.

그런 정치인들 중에서도 오랫동안 다양한 모습으로 변신하며 끈질긴 생명력으로 살아남은 정치인으로 이인제를 빼놓을 수 없습니다. 화려한 데뷔와 빠른 성장을 거쳐 정상급 정치인의 자리를 오래 유지한 인물입니다. 그는 사람들의 기억 속에 잊혀질만

할 때에도 의외로 현역으로 활동하며 놀라라움을 주기도 했는데, 오죽하면 별명이, 절대 죽지 않는다는 뜻의 '피닉제'였습니다.

이인제는 서울대 법학과를 졸업하고 유신반대운동에 참여했다가 강제징집됩니다. 전역한 후 사법시험에 합격, 서른두 살에 판사가 되어 약 3년간 재직합니다. 이후 노동전문 변호사로 활동하던 중 1987년 김영삼의 발탁으로 정계에 입문, 1998년 국회의원이 되면서 정치 인생을 시작했으며, 문민정부 출범과 함께 1993년 만 45세에 최연소 노동부장관을 역임하며 고용보험 최초 도입 등의 업적을 남겨 국민들에게 깊은 인상을 주고, 1995년에는 경기도지사에 당선되며 유력 정치인의 반열에 오릅니다. 아직 40대의 젊은 나이에 정치 인생의 절정기를 맞이합니다.

2년 후인 1997년에 한나라당 대선경선에 출마하며 이회창과 접전을 벌였으나 결선투표에서 패배, 탈당 후 국민신당 후보로 독자 출마하며 3위를 기록합니다. 이회창의 표를 잠식했던 탓에 김대중이 당선되는 단초를 마련했다는 말을 듣지만 본인으로서는 나름의 성과를 거둔 것에 만족했을 수도 있겠습니다. 이인제의 국민신당은 1998년 새정치국민회의와 합당하고 다시 여권의 가장 유력한 차기 대선주자로 자리매김합니다. 그런데 하필 노무현이 돌풍을 일으키며 상승세를 타자 중도에 경선을 포기하고 대선 직전 새천년민주당을 탈당, 자유민주연합에 입당합니다.

이후부터 탈당과 복당, 무소속 등을 거듭하며 정치인생 30년 간 총 18번의 당적을 변경합니다. 이 중 합당이나 당명 변경 등과 같이 자연스러운 당적 변경이 10번이었으나 본인의 의사에 따른 변경도 8번이나 되며 진보와 보수, 충청권 기반 정당을 오가는 한국 대표 철새 정치인이 됩니다.

성공한 다른 정치인들이 역경과 고난의 시기를 묵묵히 감당하며 국민들에게 감동을 줄 때에 잦은 탈당과 경선 불복 등으로 국민의 야유를 받았지만 이력만으로 보면 이인제는 성공한 정치인입니다. 대통령에 당선되지 못했을 뿐이지 젊은 나이에 국회의원이 된 후 무려 6선 의원을 역임했고, 2016년 낙선할 때까지 총선에서 불패의 길을 달렸습니다. 경기도지사, 노동부장관 등 굵직한 행정 경험도 보유한 중량급 정치인입니다. 신선한 이미지로 데뷔하여 빠르게 절정을 맞이했고, 정치 생명을 최대한 오래 유지했습니다.

이인제의 정치 인생은 기업들이 제품을 출시 후 시장에서 오랫동안 나름의 입지를 갖고 유지하는 데에 많은 인사이트를 주므로 마케터로서 반추해볼만 합니다.

제품의 일생은 생명과도 같습니다. 처음 인지도와 호감도가 전혀 없이 태어나 성장하고 전성기를 누리다가 새로운 제품이 나오면 시장을 넘겨주고 퇴장합니다. 이 각각의 라이프타임 Life time

에 맞추어 기업에서는 적합한 경영 전략과 마케팅 활동을 전개합니다.

제품과 시장의 특성과 기술의 발달, 라이프스타일의 변화에 따라 시장에 런칭된 제품은 빠르게 단종되기도 하고 아주 오랫동안 팔리기도 합니다. 출시되고 빠르게 성장하여 단종되는 제품의 대표주자로는 IT 제품이나 유행을 타는 의류 등이 있습니다. 더 좋은 제품이 더 저렴한 가격에 계속 출시되니 기존의 제품은 자연적으로 또는 제조사의 의도로 단종이 되고 신제품이 이를 대체합니다. 오랜 수명을 갖는 제품의 대표주자로는 식품류가 있습니다. 대중의 입맛을 한 번 사로잡기는 참 어렵지만 한번 익숙해진 입맛은 평생에 걸쳐 좀처럼 변하지 않습니다. 30년 전에 출시한 신라면은 여전히 시장의 1위를 차지하고 있으며, 새우깡, 투게더 등과 같은 제과/빙과류도 오랜 기간 매대의 로얄존에서 소비자의 선택을 받고 있습니다.

처음 신제품을 개발했을 때에 기업은 이 제품을 소비자들에게 알리는 것을 목적으로 합니다. 이익이 나지 않더라도 과감한 광고를 집행합니다. 시장에 경쟁자가 없는 것은 좋은데, 대신 고객들에게 이 제품이 무엇인지 몰라 구매가 없습니다. '시장을 만드는' 일을 먼저 해야 합니다. 없는 시장을 새로 만드는 블루오션 전략이 쉬운 것이 아닙니다. 많은 돈과 노력, 시간이 투여됩니다. 우리 제품이 너무 좋아서, 한 번 사용만 해보면 재구매를 할 것이라는 자신감이 있으므로 체험행사, 샘플 제공 등으로 첫 사용을 권유해 봅니다. 이때 판매하는 제품은 가격이 높을 수밖에 없습니다. 제품 개발에 투자한 개발비와 설비비가 원가에 포함되어 있고, 제품의 성공을 100% 확신할 수 없고 판매 후 예상치 못한 품질 불량이 시장에서 보고될 수도 있으므로 초도 물량은 대체적으로 소량 생산하여 대량 생산의 이점을 누리기 어렵습니다. 그래서 제품개발 및 출시 초기에는 판매량도 많지 않고 이익도 거의 없거나 적자를 보기도 합니다.

처음 보는 제품을, 그것도 비싼 가격으로 사는 고객은 호기심이 많고 새로움을 받아들이는 태도에 진보적인 특성을 지닙니다. 신제품을 누구보다 먼저 사용해본다는 즐거움에 비싼 가격도 흔쾌히 지불할 만큼 구매력도 꽤 좋습니다. 제품을 처음 시장에 내보일 때에는 이런 고객을 공략합니다.

도입기에는 초기 고객들의 관심을 획득하기 위해 광고에 자원을 많이 투입해보고, 제품을 한번 사용해 보도록 가장 강력한 판촉 활동을 펼칩니다. 주로 샘플을 나누어 주거나 할인행사를 통해 인지도를 확산합니다. 한번 우리 제품을 사용해 보면 계속 사용할 것이라는 자신감이 있어야 합니다.

성공적인 도입기를 거쳐 시장이 만들어지면, 성숙기에 진입합니다. 이전까지 반신반의하던 고객들도 구매를 해보기 시작합니다. 처음 구매해 본 고객의 후기도 나오고 이 제품이 무엇인지를 대중들도 알게 됩니다. 생산라인도 안정화되고 원자재도 대량구매할 수 있게 되었으며 품질 불량도 모두 잡혀 가격도 저렴해집니다. 판매량이 빠르게 증가하며 이익이 발생하는 구간으로 들어섭니다. 한편 이 시기에는 자사가 만들어놓은 시장에 경쟁사들이 진입합니다. 우리 제품의 장점은 그대로 품으면서 기능은 조금 더 개선되었거나 유사한데 가격은 조금 더 저렴한 제품을 런칭하므로 본격적으로 경쟁이 시작되는 시기입니다. 회사는 이제 유통망을 확장하고 생산량을 증가시키며 단위당 생산원가 절감, 판매량 증가로 본격적인 이익 구간에 진입합니다.

성장기가 끝나고 우리 제품이 대중화 되면 제품이 더 이상 성장하지 않는 성숙기에 접어듭니다. 개발비와 설비비 등은 거의 회수를 했고 여러 유통망에 대량으로 판매하므로 이 시기에 판매와 이익이 가장 큽니다. 이제는 평범한 다수의 사람들도 우리 제품을 어렵지 않게 구매합니다.

그러나 이렇게 좋은 시장을 경쟁자들이 가만히 보고 있을 리가 없습니다. 더욱 많은 경쟁업체들이 진입하고 각각 특색 있는 제품을 선보이며 경쟁이 격화됩니다. 우리 제품보다 더 좋은 기능과 품질에 가격 경쟁력도 갖춘 경쟁업체의 제품들이 점점 늘어나고 가격 경쟁, 판촉활동이 심화되며 이익률이 하락, 경영자의 고민이 시작됩니다. 이 시기에는 "우리 제품이 무엇이 좋다"는 메시지보다 경쟁 제품과의 비교 광고, 기능의 추가/삭제를 실행한 파생제품의 출시 등으로 정체된 시장 내에서 경쟁사의 파이를 빼앗아 옵니다.

　어느 순간이 되면 시장에서 판매량이 매우 적어지는 시기가 옵니다. 쇠퇴기입니다. 이 시기에도 우리 제품을 구매하는 이들이 있어 매출과 이익은 발생하지만 점점 줄어드는 것이 눈에 보입니다. 유통업체는 우리 제품을 진열대에서 내리고, 대신 새로 나온 신제품을 적극적으로 고객들에게 권유합니다. 이제 우리도 이 제품을 그만 팔고 신제품을 팔아야 할 때가 왔습니다. 기존의 생산설비와 인력, 자재의 공급망과 A/S 등의 숙제가 남아 있으며, 많지는 않지만 우리 제품을 계속해서 찾아주는 고객들을 어떻게 해야 할지에 대한 디테일한 전략을 수립하여 실행해야 합니다. 쇠퇴기에는 더 이상 신규고객이 생기지 않습니다. 그저 꾸준히 우리 제품을 사용해 준 고마운 고객들이 오랫동안 남아 있을 뿐입니다. 제품라인업을 축소하고 판촉비용을 최소화 하는 동시에 남은 고객들에게 최대한 오랫동안 제품과 서비스를 제공할 수 있도록 유도합니다. 쇠퇴기 시장이 중요한 이유는 제품의 생산을 위해 투자되었던 설비들의 활용 방안 결정 때문입니다. 그대로 제품 생산을 중단한다면 많은 돈을 투자한 설비와 인력, 생산 노하우 등을 날려버리게 됩니다.

　따라서 이 시점에서 설비를 통째로 후진국이나 후발사에 양도

할지, 이 설비를 활용할 기능 개선 신제품을 출시할지 등등의 새로운 전략을 도출해 내야 합니다.

제품수명주기 이론 (PLC : Product Life cycle)

각 시기별 특성과 기업의 제품 전략은 다음과 같다.

제품주기	시장 특성	고객 특성	기업의 전략
도입기	• 소비자의 인지도와 이해도가 낮다. • 투자비 등으로 이익은 없거나 낮음. • 낮은 수요와 낮은 가격 탄력성	• 혁신자 (2.5%) : 신기술에 대한 실험적 애착, 호기심, 사용 욕구	• 시장에 제품을 알리기 위한 노력 : 샘플 /사용경험 제공, 광고비 가장 높음.
성장기	• 수요와 매출이 급격히 증가 • 소비자의 인지도가 빠르게 상승	• 초기 수용자early adapter (13.5%) : 이익선호, 특정 세부시장 창출	• 유통 확장, 마케팅 촉진 등을 가장 활발히 집행
성숙기	• 단위상품별 이익은 가장 높으나, 성장률은 둔화되는 시기 • 경쟁 심화, 수요의 변화가 가장 활발히 일어남. • 시장 자체의 크기가 가장 큰 시기	• 초기 다수자(34%) : 위험회피, 점진적 혁신, 시장 주도자 선호 • 후기 다수자(34%) : 가격, 사용 편의성 등 실용주의자, 보수주의자	• 경쟁사에 대응하는 가격 할인, 비교 광고, 할인유통점 제휴 등 • 추가 수요 확보, 제품 개선 등으로 성숙기를 최대한 유지
쇠퇴기	• 제품의 판매량이 감소하거나 판매되지 않는 시기	• 지각수용자 (16%) : 첨단기술에 대한 부정적 시각	• 마케팅 비용 최소화

제품이 처음 출시된 후 도입기가 될 때까지 기업에서 이익은 거의 발생하지 않는다. 판매량이 서서히 증가하는 성장기에 비로소 이익이 발생하여 성숙기에 판매량과 이익이 가장 크다. 제품의 수명이 다하고 쇠퇴기에 이를 때에는 안전한 철수 전략을 고려해야 한다.

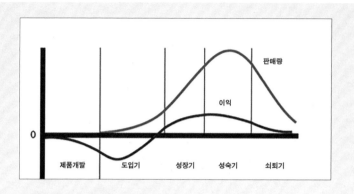

제품수명주기 이론별 마케팅 전략

제품의 수명주기별로, 기업들은 아래와 같은 마케팅 활동을 펼친다.

제품주기	마케팅 목적	광고 메시지	판촉활동
도입기	• 제품 인지도 확대 • 사용 경험 제공	• 조기 수용층, 초기 유통의 제품 인지도 형성	• 사용 경험을 위한 샘플제공 • 대대적인 판촉활동
성장기	• 시장 점유율 확대	• Mass market에서의 인지도 관심도 형성	• 수요 확대에 따라 판촉비 감소
성숙기	• 이익의 극대화, 시장점유율 방어	• 경쟁사와의 차별화 강조	• 경쟁사의 수요를 점유하기 위한 판촉비 증대
쇠퇴기	• 비용 절감, 투자비 회수	• 충성도 높은 고객의 유지에 필요한 최소한으로 축소	• 최소한으로 감소

안철수

또 철수냐 안철수냐
그것이 문제로다

사업 철수 전략

사업 철수 전략

　기업인 안철수가 대중에게 처음 등장했을 때, 그 반응은 열광적이었습니다. 당시로서는 드물게 정치인으로 예능 프로그램에 나와 진솔한 모습을 보여주었고, 젊은 시절에 이루어낸 성취와 바이러스 백신을 개발하여 국민들에게 무료로 배포했던 스토리는 감동을 주기까지 했습니다. 공중파에서 안철수를 소재로 한 다큐멘터리가 제작되었고, 젊은이들이 가장 존경하는 인물에서 수위로 선정되어 전국을 돌며 강연을 하는 등 안철수 신드롬이 생깁니다. 진부한 정치 지형을 바꿀 수 있는 신선한 후보의 등장에 사회 각계의 기대가 컸습니다.

　안철수는 정치인으로 전면에 본격적으로 나서기 전부터 국민들에게 높은 인지도와 호감도를 구축합니다. 평생 엘리트 코스만을 밟아왔으나 수수한 외모와 소탈한 성품, 성공한 IT 벤처 창업자로서의 전문성 등 기름기 좔좔 흐르는 기존 정치인들과 확실히 차별화된 모습을 보여주었습니다.

안철수는 2011년 9월, 한 매체와의 인터뷰에서 당시의 여당이었던 한나라당을 비판하며 그해 12월에 치러지는 서울시장 보궐선거에 출마할 뜻을 시사합니다. 그의 정치 인생은 사실상 이때부터 시작되었다고 봐도 좋습니다. 오세훈 당시 서울시장이 무상급식을 반대하며 내놓은 자리였으므로 민주당의 당선 확률이 높았습니다. 안철수가 민주당에 입당 후 당선되기 좋은 타이밍이었습니다.

그런데 안철수는 출마를 시사한 지 며칠 되지 않아 뜻밖에도, 당시 인지도가 거의 없던 박원순을 "아름답고 훌륭한 분"이라며 "아무런 조건도 없습니다. 제가 출마 안 하겠습니다. 말씀하신 대로 꼭 시장이 되셔서 그 뜻 잘 펼치시기 바랍니다."라는 말을 남기고 양보합니다. 국민들은 어리둥절하면서도, 안철수가 곧 치러질 대선에 출마하기 위함이었음을 짐작하고 통 큰 정치인이라며 더 높은 지지를 보냅니다. 이즈음 여론조사에서 안철수는 당시 잠재적 대선후보 중 1위를 차지하며 영향력을 과시합니다.

다음 해인 2012년 9월, 안철수는 18대 대선 출마선언을 합니다. 그간의 높은 호감도와 인지도로 여론조사에서 민주당 문재인 후보와 박근혜 후보를 앞서기도 했습니다만 11월에 민주당 문재인 후보와 단일화 하며 또 다시 대선 후보의 자리를 내어 줍니다. 여당의 재집권을 막기 위해 야권이 결집해야 할 지지자들의 요구가 있었고 당시 문재인 후보의 지지율이 조금 더 높은 상황이었으므로 어쩔 수 없는 일이었다고는 하지만 결국 문재인 후보가 선거에서 패하며 정권을 교체하는 데에 실패했음을 반추해 본다면 안철수에게는 또다시 아쉬운 순간입니다.

안철수는 2013년 상반기 재보궐선거에서 노원병 국회의원에 당선되며 정치 선언 2년 만에 제도권 정치인이 됩니다.

그러나 이미 시간이 흐르며 안철수의 신선한 이미지는 옅어졌고, 대중의 열광도 예전 같지 않습니다. 이후 안철수는 독자정당을 창당했다가 야당에 다시 입당하는 행보를 보였습니다. 본인이 추구하고자 하는 비전을 명확하게 전달하지 못하며 '간철수'라는 모멸스러운 별명마저 얻게 됩니다. 여전히 대선 후보급 정치인으로 거대 양대 정당 사이에서 캐스팅 보트의 역할을 했지만 그들을 뛰어 넘지는 못한 채 시간이 지날수록 정치권에 끼치는 영향력은 점점 약해집니다.

2022년 20대 대선에서 안철수에게 다시 한 번 기회가 왔습니다. 거대 양당 중 하나를 선택하기보다 새로운 대안을 원하는 유권자들은 항상 존재해 왔으며 양대 후보들의 비호감이 심한 선거였던 관계로 참신한 비전을 제시하면 의외의 가능성이 있었던 상황입니다. 코로나19 팬데믹도 의사 출신인 안 후보에게 유리했습니다. 과학 기술에 대한 사회적 기대가 커지며 S/W를 개발하여 성공한 배경이 부각되었습니다. 양당 체제는 여전히 공고했지만 자신만의 정치적 지분을 확보할 기회가 있었습니다.

안철수는 '정권 교체'를 명분으로 야당이던 국민의힘 운석열에게 단일화를 제안했으나 윤 후보가 거절합니다. 단일화의 결렬에 따라 대선 10일 전인 2월 27일, 독자적으로 끝까지 간다는 굳은 의지를 선언합니다. 그러나 얼마 지나지 않은 3월 3일, 투표를 불과 6일 남긴 채 윤석열과 안철수는 단일화에 합의합니다. 단일화 자체가 나쁜 것은 아니지만 독자적으로 끝까지 완주하겠다는 굳은 결의를 불과 4일 만에 뒤집은 실없는 사람이 되었고, 지지자들은 크게 실망했습니다. 이 선택으로 안철수는 중요한 선택의 기로에서 독자노선을 포기하고 단일화, 3번이나 철수를 한 우리 정치사에 독특한 이력을 갖게 됩니다.

안철수의 세 번의 철수 전략은 여러모로 아쉽습니다. 서울시장 보궐선거에 당선되어 승리의 이력과 행정 경험을 쌓았더라면, 18대 대선에서 비록 패배하더라도 박근혜 문재인 등과 어깨를 나란히 하며 중량감을 과시했더라면, 20대 대선에서 좀 더 자신감을 갖고 캐스팅보터로서 자신의 지분을 확실히 챙길 수 있었더라면 우리 정치사는 어떻게 변했을까요. 10여 년의 정치 인생 동안 나름 구축해 놓은 인적 자산이 있고, 본인의 브랜드와 처음 등장했을 때 국민들이 느꼈던 신선함도 여전히 기억 속에 있습니다.

그런데 양보를 거듭하며 영향력이 점차 약해지고 있습니다.

20대 대선에서는 독자적인 길을 갈 것이라고 굳게 선언하고 의지를 불태우며 여의도에 노천 천막을 치고 들어갔습니다. 지지율도 차츰 올라갔고, 지지자들이 안철수를 지키겠다며 모여들어 밤늦도록 그 곁을 지켰습니다. 그런데 독자노선을 선언하고 후 며칠 지나지 않아, 마치 투항하는 듯한 모습으로 윤 후보의 진영에 그대로 흡수된 모습을 보여 줍니다. 당당히 본인의 길을 가겠다는 모습에 감동했던 지지자들은 '간철수'의 재현을 보며 허탈해 했습니다. 물론 본인이 그럴 수밖에 없었던 가장 괴롭고 어려운 결정을 했겠지만 양대 정당의 과점 체제에서 신선한 제3의 후보가 활력을 불어넣어 주지 못하고 좌절한 사건은 우리 정치사의 손해라고 볼 수 있습니다.

원래 철수는 매우 난이도가 높은 전략입니다. 고대 병법가들도 "전진보다 질서 있는 후퇴가 더 어렵다"는 기록을 곳곳에 남겼고, 우리 정치사에서도 멋지게 등장한 이들은 많으나 박수를 받으며 퇴장한 정치인은 그리 많지 않음을 떠올릴 수 있습니다.

기업과 사업도 마찬가지입니다. 사업을 오래 하다 보면 기존 제품의 수명이 다해서 마진이 적어지고 새로운 제품으로 대체된다거나 아예 특정 사업 자체를 정리하여 시장에서 물러나야 하는 경우가 생깁니다. 이는 결코 실패가 아닙니다. 자사의 강점에 집중하기 위한 여러 전략 중 하나입니다.

계획적 진부화
구 모델이 여전히 판매되고 이익도 발생하고 있으나 신제품과의 간섭 방지, 향후 시장이 크게 축소될 것에 대비하여 철수하는 전략

수확 전략
더 이상 추가로 판매를 위한 노력이나 자원을 투입하지 않고, 현재 상태에서 발생하는 이익 회수에 최선을 다하는 전략. 기업의 유휴 자원을 저렴하게 활용 가능할 때 구사하며, 광고비나 판촉비는 들이지 않고 현재 운영 중인 생산설비와 인력을 판매가 가능한 최소한의 수준으로 운영
예) 브라운관 TV를 찾는 고객이 줄어들었을 때에도 저개발국가에 저렴한 모델로 판매를 오랫동안 지속

제품 단순화
제품의 다양한 모델별 품목을 관리하기 쉬운 수준으로 감소. 투입 원가가 상승하거나 자원을 다른 곳으로 돌려야 할 때 구사하며, 제품라인을 줄여 관리가 용이하도록 하고 단종을 대비하여 생산물량을 조금씩 감소시킴.
예) 르노삼성은 SM5를 오랫동안 판매하다가 단종 직전에는 'SM5 클래식' 모델을 신설, 단일 트림 / 옵션으로만 운영하고 기업의 자원은 신모델인 SM6에 집중

철수
적자를 일으키거나 신제품의 판매를 방해하는 등 단종이 낫다고 판단될 시 생산 및 판매를 중단
예) 가벼운 노트PC를 개발하여 고가에 판매하는데, 수익이 크지 않은 기존 판매 중인 저가의 노트북이 지속 팔리고 있어, 이를 단종시키고 신제품으로 신규 수요 유도

소비자의 라이프스타일, 시장 환경이 변하여 더 이상 소비자가 찾지 않거나 산업 구조의 변화, 기술의 발달 등으로 더 이상 사업을 계속할 수 없다면 수명을 다한 기존의 제품은 단종을 하고 생산과 판매를 중단합니다. 이 과정에서 고려해야 할 점이 적지 않습니다. 공산품이라면 제조를 위한 설비 투자를 재활용하거나 매각하는 방안, 제조 인력을 신제품이나 다른 사업에 활용하는 방안을 강구해야 합니다. 시장에서 오랜 기간 쌓아 온 브랜드와 유통망, 소비자의 사용 경험과 인지도/호감도 등 다시 쌓기 어려운 자산들을 어떻게 활용할지의 방안도 마련해야 합니다. 이렇듯 철수가 결정되어도 다양한 사업의 자산을 한순간에 정리할 수도 없을 뿐더러 안정된 품질과 다양한 소비자의 기호가 반영된 구 모델은 의외로 지속해서 팔리고 어느 순간에는 개발도상국 등 틈새시장에서 지속 판매되는 경우도 많기 때문입니다.

단종과 철수를 너무 서두르면 관련 설비와 개발비를 충분히 회수하지 못하는 경우가 발생하고, 공을 들여 개발한 신제품이 힘을 못 쓰고 품질이 안정된 기존 제품이 더 잘 팔리는 경우를 보며 아쉬워하는 경우가 발생합니다.

반면 적시에 철수해야 할 타이밍을 놓치면 아무도 구매하지 않는 자사의 제품을 보며 한숨을 쉬게 될 수도 있습니다. 치열한 고민과 검토 끝에 실행하지만 철수 전략은 언제나 어렵습니다.

TV 시장을 예로 들어 봅니다. TV는 20세기 미국에서 개발된 이후 브라운관 TV만이 있었습니다. 그러나 21세기에 접어들며 LCD와 PDP 기술이 발전하고, 빠르게 평판 TV로 바뀌어 갔습니다. 일본 TV 회사들은 브라운관 시장의 강자였으나 변화에 늦게 대응함으로써 한국의 TV 제조사들에게 선두를 넘겨줬습니다. 반면 당시 한국의 대형 제조사들은 평판 TV 개발과 판매에 힘을 쏟으며 1위를 유지해 가면서도 여전히 대규모로 보유한 브라운관 TV의 기술과 설비, 인력, 공급망 등 유무형 자산의 활용 방안을 마련해야 했습니다. 그래서 선진국 위주의 고가 TV 시장에서는 평판 TV 판매에 최선을 다했지만 저개발국가에는 오랫동안 브라운관 TV도 팔면서 보유한 설비의 활용을 지속합니다. 마지막 한 방울의 단물까지 알뜰하게 빨아먹는 전략입니다. 시간이 더 흘러, 저개발국가도 평판 TV로 시장이 바뀌는 것을 확인한 후, 이제는 노후한 브라운관 TV 설비를 저개발국가를 대상으로 사업을 하는 업체에 저렴한 가격으로 팔거나 폐기했고, 그 저개발국가에는 저가형 평판 TV를 도입하며 다시 소비자의 선택을 받기 위해 최선을 다했습니다.

기존 제품과 시장에서의 철수는 필연적으로 비용을 필요로 합니다. 그래도 기존 제품보다 기능이 추가되어 더 높은 가격을 받을 수 있는 신 모델을 개발했는데 구 모델이 낮은 가격과 익숙한 사용자 경험으로 지속해서 팔리고 있다면 이것도 기업으로서는 바람직하지 않은 일입니다. 이럴 때에는 잘 팔리고 있더라도 구모델을 의도적으로 철수시킵니다. 이렇듯 신제품의 확장과는 반대로 기존 제품의 축소와 철수 전략을 '계획적 진부화'라고 합니다.

노태우

경제 영토, 북방으로 진군하다

해외시장 진출 전략

해외시장 진출 전략

　우리나라의 군부정치는 1961년 박정희 전 대통령의 쿠데타로 시작하여 1993년 김영삼 정부가 시작될 때까지 무려 32년 동안이나 지속됩니다. 노태우 전 대통령은 1980년 광주민주화운동의 가해자였고 12.12 쿠데타를 통해 집권한 신군부의 핵심 인물로서 이후 구속 수감되어 실형을 받습니다.

　그러나 한편으로는 전 국민의 선거를 통해 당선이 된 정당성을 가졌고 군부독재를 종식하고 평화롭게 정부를 이양함으로써 민주주의 진전에 일정 정도 공이 있다는 평을 받기도 합니다. 또한 5.18 희생자에게 사과를 하는 유지를 남기는 등 죽을 때까지 본인의 잘못을 인정하지 않은 전두환과 함께 묶이기에는 아쉬운 인물입니다.

쿠데타와 광주항쟁, 군사독재와 같은 범죄 행위와는 별개로 노태우는 한국사회 전환기의 대통령으로 나름의 공헌이 있습니다. 크게 보자면, '부동산 200만호 공급'의 공약을 이행하여 주택가격을 안정시킨 역사상 몇 안 되는 대통령이고, 88서울올림픽의 성공적 개최와 함께 '북방외교'를 성공시켜 우리나라의 정치와 경제가 이후 세계로 진출하는 데에 분명한 공헌을 했습니다.

비록 군부정치 세력의 막내이기는 하지만 현재 우리 경제의 대외 의존도와 수출 다변화를 통한 수익 증가, 리스크 감소, 자원 확보 등은 마케팅 전략에서 중요하게 배울 점이 많아 다루어 봅니다.

60~70년대 냉전시대가 끝나고 80년대 말부터는 전 세계적인 동서 화합의 기류가 흐릅니다. 소련과 중국이 철의 장막, 죽의 장막을 거두며 개혁/개방 정책을 내세우고 동유럽 국가들이 하나씩 문호를 엽니다. 20세기 냉전으로 분단되고 전쟁을 겪었으나 가장 모범적으로 재건에 성공한 한국에서 열리는 88서울올림픽은 인류사에서 갈등의 세월이 지나고 화합의 시대가 열림을 자축하는 상징적인 행사였습니다.

노태우는 이러한 세계사적 흐름을 놓치지 않았습니다. 올림픽이 개최되기 2개월 전인 1988년 7월 7일, '민족자존과 통일 번영을 위한 대통령 특별 선언'(이른바 7.7 선언)을 발표하며 우리도 이제부터는 개혁 개방에 적극적인 공산권 국가들과 우호적인 관계를 가질 수 있음을 선언합니다. 그해 8월 헝가리와 상주대표부 설치협약을 시작으로 1990년 소련, 1992년 중국과 수교를 이끌어냅니다. 그리고 마침내 오랜 기간 숙원이었던 남북한 유엔 동시가입을 1991년 9월 이루어내며 7.7 선언의 성공을 확인합니다. 이 수교로 우리 기업들은 경제 영토를 넓혀 갔고, 오늘날 수출대국 대한민국이 되는 데에 큰 역할을 합니다.

노태우의 북방외교는 후임 김영삼의 세계화 전략, 김대중의 IMF 극복을 위한 수출 주도 전략 등으로 이어집니다. 이 책을 쓰고 있는 2022년 기준 세계 10위의 경제대국, 수출 6위 무역강국 등 세계 정상권의 선진국으로 진입할 수 있었던 여러 씨앗 중 노태우의 북방 외교를 빼놓을 수는 없습니다.

해외시장 개척은 지난 시절 한국 기업가들의 도전과 투혼의 역사였습니다. 이름 없는 후진국의 설움을 겪어가며 전 세계를 무대로 물건을 팔기 위해 혼을 불살랐습니다. 해외시장 개척과 관련된 신화와도 같은 이야기가 무궁무진합니다.

우리나라 수출의 역사를 간단히 짚어봅니다.

수출 1세대 : 60년대 미국으로 가발 수출

작은 내수시장과 충분하지 않은 자본금 등을 극복하기 위해 60년대부터 정부는 수출에 강한 드라이브를 겁니다. 수출 기업들에게 좋은 조건으로 대출을 해 주고 세금을 감면해 주는 등 파격적인 혜택을 국가가 나서서 해 줍니다.

하지만 산업기반이랄 것이 없었던 우리나라에서 내다 팔 수 있는 것이 별로 없었습니다. 그 와중에 당시 미국으로 이민을 간 이들이 '가발 시장'을 발견합니다. 흑인이나 라틴계열 이민자들은 심한 곱슬머리로 가발 없이는 머리를 예쁘게 다듬기 어려운 경우가 많았고, 미용 목적의 가발 구매가 활발한 모습을 포착한 것입니다. 내다 팔 것이 없는 가난한 한국인들은 머리를 잘라다 팔았고, 이를 공장에서 가공하여 미국에서 팔았습니다. 제조 공정은 수작업으로, 저임금 근로자가 풍부한 우리나라에 유리했으며 손재주가 좋은 한국인이 만든 가발은 그 품질이 매우 좋았습니다. 저렴한 가격에 품질 좋은 상품이니, 소비자에게 좋은 반응을 얻은 것은 당연합니다.

기업의 해외시장 진출 유형

수출
국내에서 제조, 물류망을 활용하여 해외에 판매한다. 비교적 낮은 투자금액으로 해외시장에 진출이 가능하다. 직접 수출과 간접 수출의 방법이 있다.

간접수출
종합상사, 오퍼상 등 수출입을 전문으로 담당하는 중개상을 통한 수출 방법이다. 해외 마케팅 인력이나 경험이 없을 때, 중개상들은 현지에 사무실을 두고 있는 경우도 많고, 해당 시장에 대한 전문성과 노하우를 갖췄으므로 처음 수출을 시도할 경우 많이 활용한다. 원자재, 곡식류와 같이 제품의 수출입에 전문성이 필요한 경우에도 좋다. 다만, 중개상에게 수수료를 주어야 하므로 수익률은 떨어질 수 있다.

직접수출

수출전담 인력 또는 부서, 현지 파트너, 현지 판매법인 설립 등으로 수출하는 방법이다. 현지 문화와 법률, 판매 관행 등에 자신이 있다면 도전해볼만 하다. 어느 정도 규모와 수출 노하우가 있는 업체들의 방식이다.

온라인 직판

아마존, 이베이 등 온라인으로 직접 판매하는 방법이 점점 늘어나고 있다. 플랫폼을 활용하여 수수료를 지불한다는 관점에서는 간접 수출이고, 소비자와 직접 만난다고 생각하면 직접 수출이다. 저가의 소비재를 중심으로 점점 비중이 늘고 있으나 관세, 물류 등을 고려 시 직접 수출을 대체하기는 어렵다.

계약에 의한 진출

상품을 직접 계약하기도 하지만 라이선싱, 지적재산권 공유 같은 방식도 늘어나고 있다. 한류를 활용한 제품을 한국에서 직접 만들어 팔기보다 IP를 활용하여 현지에서 제조할 수 있는 권한을 주는 방식이 대표적이다.

라이선싱

기업이 보유한 IP(특허권, 상표권 등 지적재산권)의 사용 권한을 사용하고 그 대가를 지불한다. 한국 아이돌 가수 상품들의 해외 판매가 대체로 이렇게 이루어진다.

프랜차이징

가맹회사에 상표 사용권과 제조 및 운영 노하우를 전수해 주는 방식이다. 본사는 품질과 브랜드의 일관성을 위해 가맹사에 좀 더 엄격한 통제를 한다. 패스트푸드점이 대표적이다.

하청계약

원청업체가 제품을 조달하면 해외의 하청업체가 현지 시장에 판매한다.

직접투자

해외에 법인을 직접 설립하거나 현지업체와 제휴를 맺어 시장을 공략한다.

법인 설립

생산 또는 판매 법인을 직접 설립한다. 제조업의 경우 대개의 나라들에서는 자국의 산업 보호, 고용 등을 이유로 현지 생산을 장려한다. 세금혜택, 부지 제공 등 다양한 해외기업 유치전을 펼치기도 한다. 기업으로서는 현지의 인건비가 낮다면 아예 생산기지로 활용할 수도 있고, 현지의 문화를 습득하여 현지화 하는 데에 가장 유리하다. 다만 초기 투자비가 적지 않고 현지의 치안, 법률, 문화 등에 익숙하지 않으면 의외의 실패를 하기도 한다.

합작회사

외국 회사와 현지 회사가 공동으로 회사를 설립하는 방식이다. 서로가 가진 강점을 나눌 수 있으며 현지 사정에 밝은 기업과 함께 하므로 해외 진출 시 대기업들이 자주 택하는 방식이다. 리스크가 낮은 대신 마진도 현지 기업과 나누어야 하고, 두 회사 간 궁합이 잘 맞아야 한다는 전제는 있다.

우리나라가 의미 있는 규모의 외화를 벌어왔던 첫 산업이었던 가발의 제조 수출로, 당시 미국 이민 1세대 중 아메리칸 드림을 이룬 케이스들이 적지 않았습니다. 지금도 미국 시장에서 한국 가발은 여전히 인기가 좋습니다.

수출 2세대 : 80~90년대 대기업의 세계경영

가발에 이어 봉제, 신발 등 소비재 제조와 수출로 자신감을 얻은 한국인들은 좀 더 큰 욕심을 냅니다. 중화학공업, 자동차, 전자 제품 등 당시로서는 첨단에 속한 산업들에 기술을 도입해 판매하기 시작합니다.

배를 만들 도크도 없으면서도 500원짜리 지폐의 거북선을 보여주며 "우리는 원래 배를 잘 만드는 민족이니 주문을 먼저 해 주면 차질 없이 만들어 납품하겠다"며 선주를 설득한 정주영, 밥 먹는 시간마저 아까워 출근하는 차 안에서 소탈한 도시락을 먹고 하루 종일 일만 했다는 김우중, 1인 유럽 주재원으로 발령받은 후 반도체 매뉴얼을 달달 외워 고객을 설득한 삼성의 최지성 등 등 수출 영웅들의 이야기가 들려옵니다. 첨단산업에 몰입할 수 있도록 국가가 나서서 정책적으로 지원을 해 준 덕분에 경쟁력 있는 대기업들이 빠르게 성장했습니다.

수출 3세대 - IMF 사태 이후 해외 생산 / 판매 체제 구축

21세기에 들어오면서 대기업들은 해외시장에 더욱 적극적으로 진출합니다. 한국의 숙련된 기술과 노하우로 현지의 저렴한 노동력으로 제조한 후 인근 선진국에 제품을 파는 방식이 가장 대표적입니다. 슬로바키아, 헝가리 등에 생산법인을 세우고 유럽 선진국에 제품을 판다거나 멕시코 생산법인에서 제조한 제품을 미국에 판매하는 등의 구조였습니다. 우리 기업인들은 전 세계를 누비며 첨단제품을 만들어 팔아 자타가 공인하는 선진국의 반열에 들어설 수 있게 되었습니다.

국내에서만 사업을 하던 기업이 해외에 처음 진출하는 것은 큰 리스크를 안는 일입니다. 진출 국가의 세금과 법률, 정치와 문화에 정통해야 합니다. 초기투자 비용이 크고 실패할 경우 이를 전혀 회수하지 못하는 경우도 생깁니다.

따라서 처음 해외에 진출하는 기업들은 현지에 법인을 만들고 본격 투자하기에 앞서 수출대행 회사를 활용한다든지 현지 회사들과 파트너 관계를 맺는 식으로 차근차근 접근을 해 갑니다. 기업의 해외 진출 유형은 산업과 국가별 특성에 따라 다양합니다.

노무현

세상을 바꾸는
이야기의 힘

스토리텔링, 구전 마케팅

스토리텔링 마케팅

인류는 탄생 이후 지금까지 대부분의 시간을 문자 없이 보냈습니다. 평범한 사람들이 글을 읽기 시작한 것은 인류 역사 중 매우 최근의 일입니다. 때문에 삶의 지혜와 원리, 중요한 사상 등은 원시시대부터 입에서 입으로 전해져 왔습니다. 농경/수렵사회로 넘어가며 더욱 중요한 정보는 아예 노래나 속담으로 구전시켜 기억이 더 쉽도록 도왔습니다.

어린 아이들일수록 이야기 듣기를, 노인이 될수록 이야기 하는 것을 좋아하는 속성은 우연이 아닙니다. 문자가 없던 시절, 어린 아이들은 생존을 위한 어른들에게서 필사적으로 정보를 습득해야 했습니다. 반면 노인들은 자신의 삶에서 체득한 지식과 정보를 젊은 세대들에게 모두 전달해야 할 의무가 유전자에 새겨져 있었습니다. 이 본능은 지금까지도 남아 있습니다. 어린 아이들은 어른들을 붙잡고 재미있는 얘기를 해달라고 조릅니다. 흥미로운 이야기에 눈을 반짝이고, 좋아하는 책을 또 읽어달라고 합니다. 육아 경험이 있으신 분들은 다들 공감하실 것입니다.

한편, 노인들이 가장 힘들어 한다는 '외로움'의 실체는 함께 이야기를 나눌 '말벗'의 필요인데, 이때 말벗은 본인이 하는 이야기를 들어줄 사람입니다. 물리적인 나이와는 별개로 여전히 성장하는 사람은 타인의 말을 귀담아 듣고, 전성기를 지난 이들은 발화의 양이 많습니다.

인류 역사에서 재능 있는 이야기꾼들은 항상 인기가 좋았습니다. 고대 그리스의 음유시인부터 현대의 연예인과 디즈니 같은 콘텐츠 회사들까지. 대중에게 사랑 받는 이야기꾼의 역사는 실로 장대합니다.

사람들이 흥미로운 이야기에 관심을 갖고 귀를 기울이니 권력자들은 오랜 기간 이를 국민을 설득하는 도구로 활용했습니다. 갑자기 권력을 잡은 왕이나 권력자들은 정당성을 부여받기 위해 본인이 신의 아들이라든지 신의 계시를 받았음을 주장합니다. 알에서 태어났다거나 태어날 때 신비로운 자연현상이 있었다든지 하는 이야기로 사람들은 새로운 권력자를 인정하곤 했습니다.

세월이 흐르고 이제 사람들은 신화와 현실을 구분하게 되었습니다. 신비한 탄생 설화와 초능력을 가진 현대 정치인은 북한의 김일성 이후로 더 이상 찾을 수 없습니다. 그런데 현실의 이야기는 신화보다 더 큰 공감과 감동을 줍니다. 때문에 현대의 정치인들도 대중과 교감하고 정당성을 부여받기 위해 다양한 이야기를 활용합니다. 가난한 어린 시절을 보내며 역경을 딛고 사회적 성취를 이룬 이가 세상을 더 행복한 곳으로 바꾸겠다고 설득하는 서사가 가장 대표적입니다. 역경 극복 스토리는 오랜 기간 정치·경제·사회 각 분야에서 국민들에게 설득력을 주었습니다. 전쟁 이후 선진국으로 진입하며 고생했던 우리 모두의 이야기이면서 그 시대를 살아갔던 많은 이들이 공감하며 자아를 투영할 수 있었던 이야기이기 때문입니다.

소비자의 관심을 끌어당기는 이 좋은 방법을 기업들이 놓칠 리가 없습니다. 자사의 제품에 이야기를 담기 위해 많은 노력을 합니다. "핀란드인은 자기 전에 자일리톨을 씹는다"와 같은 짧은 이야기도 있고, 만화 주인공 캐릭터가 포함된 제품을 아이들이 좋아하는 이유이기도 합니다.

고객은 제품을 구매하며 이야기를 함께 소비합니다. 한때 유행을 일으켰던 '포켓몬빵'도 이야기를 제품에 적용한 좋은 예입니다. 애니메이션에서 주인공은 포켓몬을 모아가며 모험을 진행하는데, 소비자가 빵에 들어 있는 스티커를 모으며 포켓몬을 모아가는 주인공에 빙의해 보는 식입니다.

스토리가 아예 기업의 정체성이 된 사례도 있습니다. 중국의 국주國酒 마오타이 이야기입니다. 국공내전 당시 대장정에 지치고 힘들었던 공산당이 '마오타이진'이라는 지역을 지날 때 그곳에서 나는 술을 마시고 피로를 풀며 힘을 얻었다고 합니다. 이후 다시 전열을 가다듬어 국민당을 몰아내고 공산 혁명에 성공한 후에도 지도부들은 고생하던 시절과 극복을 했던 서사를 잊지 못하며 마오타이주를 자주 마셨으며, 외교 자리에서도 이 술을 접대하면서 자연스럽게 그 시절 이야기를 이어가는 등 지금도 중국 최고의 술로 인정받고 있습니다.

스토리텔링에 원칙이나 법칙 같은 것은 없습니다. 많은 이들에게 공감을 받을 수 있는 재미있는 내용 또는 유익한 정보 등을 쉽고 간결하게 제공할 수 있다면 성공합니다. 단순하면서도 드라마틱하고, 다른 이야기와 확실히 차별화 되면서도 회상하기 쉬운 내용으로 마음을 사로잡으면 됩니다. 제품의 품질이 상향평준화되고 가격도 온라인으로 노출이 되면서, '이야기'가 창출하는 부가가치가 점점 커지고 있습니다.

노무현은 그 이전까지의 대통령들과는 사뭇 다른 이야기를 가지고 있었습니다. 가난한 집 고졸 출신, 낙선을 밥 먹듯 하던 정치 이력 등 박사(이승만), 장군(박정희), 최연소 국회의원(김영삼), 장기간 야당 지도자(김대중) 등 젊은 시절부터 스폿 라이트를 받으며 일생을 화려한 입지전으로 채웠던 이전 시대의 대통령들과 비교하자면 초라하기 그지없습니다. 대통령 선거에서 상대로 맞붙었던 이회창 후보도 학교는 최고 명문 코스만 골라 다녔고 젊은 나이에 법관이 되고 김영삼 정부의 총리로서 많은 국민들에게 깊은 인상을 남긴, 한국 엘리트 코스의 상징과도 같은 거물이었습니다.

하지만 노무현은 그들이 갖지 못한 특별한 자산이 있었습니다. 그가 추구한 가치와 그것을 이루기 위해 삶으로 증명한 이야깃거리와 이를 입으로 전파한 지지자가 그것입니다.

노무현은 역대 최초 사병 출신 대통령으로, 이회창의 둘째 아들의 병역 논란을 더욱 부각시켰습니다. 전 국민의 절반이 남성이고 기혼여성 중 절반 이상이 군대에 다녀오거나 가게 될 아들의 어머니임을 감안하면 이 이야기의 파급력은 작지 않았습니다. 고졸 출신으로 사법고시에 합격한 사례는 선진국으로 향하며 점차 계급이 고착화되던 사회 구성원들에게 희망을 주었습니다. 평생을 엘리트로 살았던 이회창의 삶과 차별화되어 서민과 중산층에게 공감을 받을 수 있었습니다.

노무현은 1989년 광주민주화운동 청문회에서 당찬 모습을 보여주며 이름을 세상에 알렸습니다. '청문회 스타'라는 별명을 얻으며 많은 국민들의 가슴을 시원하게 해 주었습니다. 이회창도 소신을 굽히지 않는 행적을 보이며 '대쪽'이라는 별명이 있었지만 노무현의 패기와는 달랐습니다. 노무현의 이야기 중 많은 이들의 감동을 자아낸 사건은 역시 지역구도 타파를 위한 수차례의 낙선을 빼놓을 수 없습니다. 서울 정치1번지 종로에서 국회의원에 당선되고 이제 꽃길만 걸어도 될 것 같은 상황에서도 굳이 패배가 예정되어 있는 부산으로 내려가 낙선하기를 반복합니다. 본인과 가족, 동료들이 모두 괴로운 상황이었습니다.

하지만 부산에서 세 번을 지고는 그러나 기적처럼, 정치인 최초의 팬클럽인 '노사모'가 결성되며 그의 삶은 많은 이들에게 재조명됩니다. 노무현의 '이야기'는 입과 입을 통해 확산되었으며 마침 전국에 전파된 인터넷을 통해 확산의 속도는 더욱 빨라집니다. 이전에는 정치인과 관련된 정보를 주로 신문이나 뉴스를 통해 들었지만 이때 즈음에서는 주요 언론이 특정 정당을 더욱 지지하는 지형을 많은 이들이 인식하게 될 때였습니다.

인터넷 게시글이나 주위 지인에게서 들은 노무현의 이야기는 독특함과 재미가 있어 많은 이들이 흥미를 갖게 되었고, 실천으로 보여준 용기와 결단은 많은 이들의 공감과 감동을 이끌어내었습니다. 대선 경선이 시작할 때에는 꼴찌였지만 경선과 함께 구전이 빠르게 확산합니다. 장인의 남로당 경력을 문제 삼는 경쟁 후보에게 "그럼 제가 아내를 버려야 합니까?"라고 일갈했던 사례는 좋은 이야깃거리가 되어 세상을 떠돌며 사람들에게 감동을 줍니다.

온라인 구전의 힘을 확인한 정치권에서는 이후에도 온라인을 활용한 선거운동을 강화해 가고 있으며 심지어 국가정보원에서 온라인 댓글로 여론을 조작하는 등(2011년) 다양한 분야에서 활용(?)되고 있습니다.

시민들이 자발적으로 선거자금을
모은 노란 돼지저금통

노사모 : 국내 최초의 정치인 팬클럽

기업의 구전 마케팅의 대표적인 사례로, 90년대 중반 출시한 국내 최초의 김치냉장고 '딤채'를 꼽습니다.

원래 우리나라는 전통적으로 김치를 장독대에 넣은 후 마당에 구덩이를 파고 묻는 방식으로 보관해 왔습니다. 땅속은 가을에 담근 김치를 겨울 동안 얼지 않고 발효되기에 적당한 온도를 유지해 줍니다. 그런데 80년대 이후 마당이 있는 집이 줄어들고 아파트가 빠르게 증가하며 김치를 땅에 묻기 어렵게 되었습니다.

실제로 80~90년대까지도 아파트 공터에 김치 항아리를 묻는 집들도 간혹 있었습니다만 쉽지는 않은 일이었습니다.

이러한 라이프스타일의 변화에서 기회를 발견한 회사가 있었습니다. 차량용 에어컨을 제조하던 '만도'가 냉각 기술을 이용하여 1995년, 국내 최초의 김치냉장고 '딤채'를 런칭한 것입니다. 무려 30여 년 전의 일이지만 처음 진출한 가전시장에서 기존 제품과의 확실한 차별화와 새로운 시장 창출에 성공한 대표 사례로 꼽을만 합니다.

만도가 처음 국내에 김치냉장고를 판매하는 것은 쉽지 않은 일이었습니다. 이미 국내에는 삼성, LG, 대우라는 거대한 강자들이 있었고, 만도는 B2B를 주력했던 회사로 소비자 가전 판매에서는 노하우가 전혀 없었습니다. 전자제품은 제조의 특성상, 라인을 효율적으로 운영하기 위해서는 대량생산을 해야 합니다. 자재를 한 번에 더 많이 주문할수록 더 저렴하게 구매할 수 있고, 공장의 가동 시간을 최대한 늘려야 대당 제조원가가 낮아져 판매 가격을 낮추면서 경쟁력을 가질 수 있게 됩니다. 때문에 이제 사업을 막 시작한 회사의 초도 제품은 규모의 경제를 실현할 수 없으므로 가격이 비쌀 수밖에 없습니다.

고가의 새로운 제품을 신생 브랜드로 런칭하여 판매하는 난이도는 지금 우리의 상상을 뛰어 넘습니다. 지금처럼 온라인으로 홍보하고 바이럴을 퍼트릴 수도 없고, 처음 보는 제품에 관심을

구전 마케팅

제품이나 서비스의 정보를 소비자가 말이나 글을 활용하여 스스로 주고받는 행위를 뜻한다. 품질이 좋은 제품을 소비한 경험으로 자연스럽게 생겨나기도 하지만 강력한 구매연결 효과가 있어 기업에서 의도적으로 부추기기도 한다.

광고나 홍보활동은 기업의 주도로 일방적인 정보 전달이 이루어지므로 소비자의 입장에서는 객관성과 진실성을 완전히 신뢰할 수 없다. 과대 광고로 인한 논란도 적지 않다. 하지만 그 제품을 한번 써 보고 추천하는 이가 믿을만한 사람의 평가라면 높은 신뢰도가 생긴다. 자신의 이익과 관계없이 굳이 상품을 좋게 평가 할 유인이 없기 때문이다.

과거 시기 구전은 이웃이나 직장 동료 등 실제 얼굴을 맞대고 대화를 하는 사이에서 퍼져나갔으므로 파급력에 제한이 있었다. 그런데 통신기술이 발달하고 온라인에서의 소통이 보편화되며 구전은 더 빠르고 강력하게 퍼져나가게 된다. 이를 인지한 유통기업들도 별점과 후기 시스템을 도입하며 소비자의 평가가 구매 결정에 미치는 영향이 훨씬 커졌다. 소비자들은 제품을 사기 전 기업의 광고나 상세 설명만큼이나 제품 리뷰에 관심을 기울이고, SNS나 유튜브 등에서의 평가가 곧 제품의 판매로 이어지는 공식이 생겼다. 이제는 생활용품부터 고가의 주택까지 무엇을 구매하던 온라인 구전, 즉 리뷰의 영향력에서 벗어날 수 없게 되었다.

구전은 원래 소비자들 사이에서 스스로 생겨 전파되었는데, 온라인에서의 좋은 구전 생성 여부가 제품의 성패에 직접적인 영향을 주게 되며 기업은 구전을 '관리'하기 시작했다. 온라인 구전을 전문으로 하는 광고 대행사들이 우후죽순 생겨났다. 마치 자생적인 것처럼 파워 블로거나 유튜버에게 협찬을 하여 리뷰를 퍼트리기도 했고, 돈을 주고 리뷰를 만들어 내어 사회적 논란이 되기도 했다. 가짜 리뷰를 양산하여 소비자의 판단에 혼란을 주는 행위는 이제 법으로 금지되어 있다.

하지만 마케터에게 구전을 만들고 관리하는 일은 중요한 일이 되었다. 소비자들과 적극적으로 소통하여 오해는 풀고 좋은 구전은 더 잘 전파할 수 있도록 이야깃거리를 만드는 일 등이다. 따라서 온라인 마케터라면 어떤 조건들이 구전을 더욱 잘 전파할 수 있도록 하는지를 이해해야 한다.

갖게 하기 위해 고객들을 매장으로 끌어오는 일은 불가능에 가까워 보였습니다. 하필이면 런칭 직후 IMF 사태라는 대형 악재가 터집니다. 재고는 쌓여가고 공장 가동률은 낮아집니다. 오랜 연구 끝에 개발한 제품으로 품질과 기능은 자신이 있는데, 시장에서 아무도 알아주지 않으니 답답했을 것입니다. 제가 만약 그 시기에 마케팅 담당자로 그 자리에 있었다면 하늘을 원망하고 운명을 저주했을 것입니다.

하지만 만도는 그렇지 않았습니다. 딤채를 성공시키기 위한 수많은 시도와 실패의 똥맛을 보면서도 희망을 놓지 않습니다. 그리고는 대담하고 과감한 마케팅을 기획합니다. 무료체험 이벤트를 벌여 압구정동 등 부촌에 거주하는 주부 1천여 명, 사회적 영향력이 있는 오피니언 리더 3천여 명 등 대규모 고객을 모집하여 딤채를 3개월간 무료로 사용하도록 제공한 겁니다. 무료 사용기간이 끝나고 마음에 들면 제품 가격의 50%만 지불하고 구매하고, 만족스럽지 않은 제품을 다시 회수해 가는 조건이었습니다.

약속 기간인 3개월 후 고객들은 대부분 만족하며 구매를 결정했습니다. 새 제품이 3개월 이내에 고장이 나거나 품질에 문제를 일으킬 확률은 낮았으며, 공조전문회사가 심혈을 기울여 만들었던 제품이니 고객 대부분이 품질과 기능에 만족했습니다. 또한 일반 냉장고에서 꺼내 김치냉장고로 옮긴 김치를, 3개월 만에 다시 꺼내 기존 냉장고로 보내는 것은 무척이나 번거로운 일이어 구전이 더욱 빠르고 효과적으로 확산하게 되는 조건은 다음과 같다.

사회적 화폐(Social currency)

사회관계의 자산을 쌓고 증가시키는 데에 도움이 되는 것들을 의미한다. 사회적으로 영향력이 있는 이들의 제품 평가는 그렇지 않은 이들보다 더 강력하다. 전문성을 바탕으로 제품을 리뷰하는 파워 블로거나 유튜버들을 떠올리면 정확하다.

계기(trigger)

사람들의 머릿속에 자주 떠오르는 연상의 순간을 뜻한다. 이를테면 축구 관련된 바이럴을 퍼트리는 데 한국팀이 월드컵에서 선전을 한다면 확산의 '계기'가 되겠다.

감성(emotion)

제품이나 서비스의 기능만 강조하기보다 그 제품을 사용했을 때의 기분이나 감정을 강조하면 더 많은 이들이 공감하고 공유한다. 휴대폰 광고를 예로 들면, 사양이 얼마나 좋은지를 설명하는 광고보다 그 휴대폰으로 사랑을 고백하는 긍정적 감성을 넣어줌으로써 호감을 사는 이야기로 광고를 한다면 더 많은 이들에게 공유된다.

대중성(Public)

대중의 모방심리를 활용한 유인책이다. 더 많은 이들의 눈에 띌 수 있도록 하여 이 제품은 누구나 쓰는 것이라고 인지되면 더 큰 관심을 갖게 된다. 누구나 사용하는 제품을 나도 한 번 써 보고 싶은 마음을 건드린다.

실용적 가치(Practical value)

생활에 도움이 되는 유용한 정보들은 빠르게 확산된다. 돈이나 시간을 절약해 준다거나 건강, 날씨 정보처럼 대중이 공감할 수 있는 내용부터 어려운 내용을 쉽게 정리해 주는 유튜브 영상이 크게 인기를 끄는 이유이다.

서 구매를 포기하고 이를 다시 반납하기도 쉽지 않습니다. 냉장고의 사용 특성상 기존 냉장고에서 김치가 비운 자리는 그 사이 다른 식자재들이 차지했을 것입니다. 게다가 체험단은 구매력이 좋은 이들이었습니다. 정가의 50%밖에 안 하니 이왕 들여 놓은 거 그냥 구매를 결정합니다.

만도로서는 여러 효과를 거둘 수 있었습니다. 판매가 부진했던 재고를 일시에 소진함으로써 재무제표가 개선되었고, 공장 가동률과 창고의 효율이 높아졌습니다. 하지만 가장 중요한 효과는 이 프로모션이 불러온 엄청난 입소문입니다. 이 효과를 하나씩 짚어봅니다.

1. 4천 명이라는 대규모 고객에게 한꺼번에 고가의 제품을 제공한 사례 자체로 '딤채'라는 브랜드를 다수 대중들에게 확실히 알린 것입니다. 고객을 모집하는 과정에서 주목도 높은 광고를 집행할 수 있었고, 수많은 이들에게 무료로 제품을 뿌려대며 많

은 이들의 호기심을 샀습니다. 이벤트 자체만으로도 일단 성공입니다.

2. 고객의 집안에 딤채를 놓고, 사용 경험을 말할 수 있도록 한 것입니다. 지금은 김치냉장고가 발코니나 창고 등 눈에 잘 들어오지 않는 곳에 위치한 경우가 대다수이지만 이벤트에 당첨된 이들은 이를 '냉장고'의 카테고리로 인지하고 주방과 거실 사이의 냉장고 옆에 주로 설치합니다. 상대적으로 눈에 잘 띄는 위치입니다. 고소득 오피니언 리더들 위주로 제품을 제공하였으므로 딤채가 놓인 집에 들어와 본 이웃들은 딤채를 '잘사는 사람들이 구매하는 제품'으로 인지했습니다. 체험단이긴 했지만 구매 결정은 스스로 했으므로 이게 뭐냐고 묻는 이들에게 딤채를 자랑스럽게 소개했고, 실물을 만져본 이웃들은 고가의 김치냉장고에 호기심을 갖게 됩니다.

이렇게 딤채는 오랜 기간 동안 '최초'의, '부잣집이 쓰는 좋은 제품'이라는 프리미엄 이미지를 유지하게 됩니다. 뒤늦게 뛰어든 메이저 대기업의 제품들의 공격이 있었지만 딤채는 김치냉장고를 상징하는 브랜드로 오랫동안 소비자의 마음속에 위치합니다.

당시 만도 경영진의 입장으로 빙의를 해본다면, 판매 부진으로 재고가 쌓여 있고 매출은 늘지 않아 속이 타들어 가는 상황에서 파격 할인으로 그냥 제품을 판매하는 선택을 할 수도 있었을 것입니다. 그렇게 했더라면 당장의 재고는 모두 소진했을 수도 있겠지만 다시는 제 값을 받기 어려웠을 것이고 오랜 기간 프리미엄 브랜드로 각인되는 효과도 없었을 것입니다. 체험단 모집을 활용한 딤채의 사례는 회사를 살렸을 뿐만 아니라 바이럴 마케팅의 가장 유명한 성공 사례로 역사에 길이 남게 됩니다.

이명박

현재의 나와
되고 싶은 나 사이에서

자아 개념과 종류

20세기 한국의 대통령은 국민들에게 가부장적 사회의 '아버지' 이미지를 부여받았습니다. 따뜻하고 자애로운 영부인 어머니와 함께 가족을 이끌어나가고 어려움을 도맡으며 국가의 방향을 제시하는 역할이었습니다. 공산당으로부터 나라를 보호하고 가계를 유지하기 위한 충분한 돈을 벌어오는 것은 아버지에게 중요하게 주어진 임무였습니다.

20세기 대통령들은 대체로 이 역할을 충실히 수행했습니다. 독재와 권위주의, 국민의 기본권 침해 등이 부작용으로 남았지만 다수의 국민들은 우리 역사의 발전 과정에서 어쩔 수 없이 겪게 되는 현상으로 받아들였습니다.

그런데 21세기가 되며 전혀 새로운 스타일의 대통령이 등장합니다. 바로 노무현입니다. 그는 대통령에게 주어진 권력을 스스로 허물며 권위주의를 타파하고자 했습니다. 권력을 정부가 아닌 시민에게 돌려주자는 여러 시도는 누군가에게는 신선한 개혁으로, 또 다른 누군가에게는 위험한 포퓰리즘으로 인지되었습니다.

20세기 권위주의적 대통령과 이 권위를 무너뜨리려는 노무현 대통령에 대한 평가는 아직 학계에서 정리가 끝나지 않은 것으로 보입니다만 이제는 시간이 흘러서 역사가 되었고, 우리 현대사가 당시 처했던 대내외적인 여러 상황에 따라 국민들이 대통령에게 기대하는 역할이나 이미지도 그에 조금씩 맞추어 변화 발전해 가는 과정으로 해석하는 것이 적절해 보입니다.

노무현의 뒤를 이어 유력한 당선인으로 예상된 이명박은 또 다른 스타일이었습니다. 가난했던 어린 시절을 극복하고 산업화 시대의 주역이 되어 성공신화를 써내려 갔던 인생의 서사는 동시대를 살았던 많은 유권자들에게 동질감을 주었습니다. 당시 정치인의 많은 비중을 차지하던 법조인, 민주화운동이나 인권운동가 출신 등의 의기와 투지는 본받을만 하지만 다수 대중의 삶의 경험과 공감대를 이끌어낼 수는 없었습니다. 반면 어려운 어린 시절을 보내고 회사원으로 산업화에 함께 했으며 시장에서 국밥을 맛있게 먹는 소탈한 모습을 보여주는 이명박에게서 유권자들은 본인이 겪었던 삶의 궤적을 투영할 수 있었던 것입니다.

선거 과정에서 BBK 등 도덕성 논란이 드러났으나 산업화 시대를 함께 보내왔던 유권자들은 그마저도 남의 일 같지 않았습니다. "살면서 나쁜 일 한 번 정도 하지 않은 사람이 어디 있을까요. 가정을 지키고 정글 같은 사내 정치에서 살아남다 보면 때로는 부끄럽거나 비도덕적인 일도 사람들은 한두 번씩은 할 수 있잖아요. 나도 그랬던 적이 있던 걸요." 그렇게 이명박은 거의 모든 연령대에서 두터운 신뢰를 얻으며 역대 가장 큰 표 차이로 당선이 됩니다.

그렇다고 일반 시민들이 이명박을 본인의 실제적 자아와 동일시했던 것은 아닙니다. 이명박은 가난한 어린 시절을 거치고 회사원을 했던 사람 중에서도 독보적으로 성공한 케이스입니다. 시민들은 우리 사회가 이룬 성취의 상징으로 이명박을 바라보았으며, 본인도 그렇게 성취하기를 바랐습니다. 이명박은 당시 많은 시민들에게 나도 저렇게 되고 싶은, '이상적 자아'의 형태로 작용했던 것입니다.

자아 개념은 개인이 사회적으로 결정된 준거 체계에 따라 자신에 대하여 스스로 갖는 생각과 느낌으로 정의할 수 있습니다. 본인의 자아를 정치인에게 투영하는 행위는 제품의 구매와 사용 행위에서도 발견됩니다. 아이폰 사용자를 '앱등이'라고 비하한다거나, 쉐보레 차량의 구매자를 '쉐슬람'이라며 놀리는 것 등입니다. 인터넷 게시판에서 내가 구매한 자동차나 거주하는 아파트의 흠을 잡아 격렬한 논쟁이 벌어지는 일은 비일비재합니다. 본인이 구매한 물건과 자아를 동일시하며 나타나는 현상입니다.

소비자는 대체로 자신의 개성과 일치하는 제품이나 브랜드를 구매합니다. 소비자가 구매한 제품이나 브랜드는 자아 개념의 표출이며, 인지부조화를 방지하기 위한 행위로 이해하는 것을 '자아개념' 이론 이라고 합니다.

기업은 생산한 제품이 소비자의 자아와 일치하여 브랜드와 제품에 애정을 갖도록 하기 위해 노력합니다. 이를테면 신차를 기획할 때 성능이나 기능을 고려하기에 앞서 '가족과 함께 캠핑을 떠나기 좋은 차'를 먼저 기획하고 그 후에 그에 적합한 디자인, 가격, 기능, 성능 등을 맞추는 식입니다. 그러면 소비자는 본인을 '가족을 사랑하는' 가장으로서의 자아와 타고 다니는 차를 일치 시키며 제품에 더 애정을 갖게 됩니다.

소비자의 실제적 자아와 제품의 브랜드가 추구하는 개성이 서

자아 개념의 종류

실제적 자아 : 본인 스스로 지각하는 나 자신
이상적 자아 : 내가 되고 싶은 나 자신
사회적 자아 : 타인들이 나를 바라보는 시선에 대한 자신의 지각
이상적 사회적 자아 : 타인들이 나를 어떠한 모습으로 인지해 주었으면 하고 기대하는 나의 모습

로 일치될수록 소비자들은 그 제품에 호감을 갖고 긍정적으로 평가하여 소유하고 싶어 합니다. 마케터들도 이 지점을 건드립니다. 옷을 하나 팔아도, 소재나 기능의 우수함보다는 '차가운 도시 여성의 시크한 매력'과 같이 소비자의 마음을 자극하는 것입니다.

소비자는 자신이 인지하는 브랜드 개성에 따라 같은 실수에 대하여 다른 반응을 보이기도 합니다. 예를 들면, 고속도로 1차로 정속 운행하는 차를 발견했다고 가정했을 때 그 차가 경차라면 실제보다 더 예민하게 반응하고, 고급 수입차라면 조금 더 너그러워지는 경우가 많은 모습을 종종 목격합니다.

소비자는 은연 중 소유하는 브랜드와 관계를 설정하고 유지합니다. 소비자의 기대를 만족시키는 브랜드는 오랜 기간 소비자의 애착 속에 재구매를 불러일으키고, 기대에 만족하지 못한 브랜드는 실망감을 주어 부정적 구전을 낳기도 합니다.

기업은 타깃팅한 집단의 소비자들의 공통적 자아 개념을 발굴하여 이를 브랜드와 제품명, 디자인 등에 투영시킵니다. 성공한 브랜드는 제품의 판매 개념을 뛰어넘어 팬덤과 같은 문화가 되기도 합니다.

이명박은 우리나라의 거의 모든 전직 대통령들처럼 퇴임 후 불행한 결말을 맞이합니다. 뇌물 수수와 횡령 등의 죄목으로 17년 형을 선고받은 후 복역합니다. 본인은 끝까지 억울함을 표명하였고 후일 역사가가 이를 어떻게 기록할지는 알 수 없으나, 법원의 판결은 엄정합니다. 이명박에게서 이상적 자아를 찾아 동일시했던 다수 대중들은 실망하고 더 엄격하게 정치인의 자질과 도덕성을 검증하는 계기가 됩니다. 본인이 의도했던 바는 아니겠지만 우리 정치의 수준을 한 단계 더 진보, 변화, 발전시키는 계기를 만들 전직 대통령이 아닐까 싶습니다.

안희정

공든 탑은
한순간에 무너진다

사회책임경영

사회책임경영

"공든탑이 무너지랴."라는 속담은, 최소한 현대 정치인이나 기업에게는 통하지 않는 것 같습니다. 부적절한 행동이나 판단으로 유망한 정치인이 한순간에 나락으로 떨어지는 예를 우리는 종종 목격합니다.

다른 많은 정치인들처럼 안희정도 풍운아였습니다. 그는 단지 학생운동을 해야겠다는 신념으로 고려대에 진학한 후 운동권 지하조직의 대부가 되고, 졸업 후 정계에 입문, 노무현의 최측근이 되어 대통령 당선에 지대한 영향을 미치며 참여정부 수립의 1등 공신이 됩니다. 이후 다양한 역경과 고난 끝에 2010년 고향인 충남도지사에 당선, 다시 연임되며 우수한 도정 활동으로 민주당의 유력한 차기 대권주자로 떠오릅니다.

안희정은 19대 대선의 민주당 경선에서 문재인에 이어 2위를 차지했습니다. 20대 대선의 민주당 후보가 당시 경선에서 3위를 차지했던 인물이 이재명임을 감안해 본다면, 2018년 사건이 밝혀지지 않았더라면 대선 후보가 될 수도 있었을지도 모릅니다.

그러나 수행비서의 성폭행 사건으로 그간 쌓아온 모든 정치적 자산을 한순간에 날려버린 채 온갖 수치를 뒤집어쓰고 범죄자가 되어 감옥에 갔습니다.

안희정이 오랜 기간 현대 한국 정치사에 끼친 공은 적지 않습니다. 학생운동을 하며 군부독재에 저항했고, 권위주의 정치를 타파하고자 수난을 겪었습니다. 행정가로서의 역량도 탁월하여 도지사 재임시절 전국 시·도지사 직무수행 만족도 평가에서 압도적인 1위를 차지하며 역량을 인정받습니다. 여야 모두에게 큰 반감 없는 정책과 이미지였고, 일관된 소신과 삶의 궤적을 보여주었습니다.

그러나 역사는 이러한 장점과 공헌보다 '성폭력으로 퇴출된 정치인'으로 그를 기록할 것입니다. 갖은 풍파 끝에 승승장구, 입지전을 써가며 최고의 자리를 눈앞에 두었던 그의 성공을 가로막은 것은 경쟁자가 아닌 스스로 판 무덤이었습니다.

오랜 기간 승승장구하다가 고객의 신뢰가 한 순간에 무너졌던 사례는 기업 경영에서도 종종 찾아볼 수 있습니다. 대표적인 예로 저 유명한 남양유업 갑질사건을 들 수 있겠습니다.

남양유업은 1964년 설립되어 분유사업으로 빠르게 성장했습니다. 1970년대에 '우량아 선발대회'를 후원하며 빠르게 성장하는 분유 시장을 석권하고 '아인슈타인 우유', '불가리스' 등 대형 히트상품을 출시하며 업계 1위를 굳혀갑니다.

하지만 2013년 5월, 한 가맹점주가 공개한 통화 녹음이 전 국민들로부터 분노를 사며 불매운동의 표적이 되었습니다. 통화 녹취에는 젊은 남양유업 직원이 나이가 많은 가맹점주에게 물건 떠넘기기를 하는 과정에서 욕설을 퍼부은 내용이 생생하게 담겨 있었습니다.

녹취가 언론에 공개된 이후 남양유업은 사과문을 발표했지만 시점이 너무 늦었고 사과문 또한 진정성이 없어 소비자의 분노는 더욱 커져갔습니다. 엎친 데 덮친 격으로 남양유업은 녹취록을 유포한 대리점주를 고소하며 불매운동은 극에 달합니다.

이 과정에서 업계에 만연해 있던 '밀어내기(강매)'라는 불공정한 거래 관행이 밝혀집니다. 팔지 못한 재고의 일정 부분을 회사가 대리점에 억지로 판매하는 행위였습니다. 업계의 모든 관행들은 또 나름의 이유와 사정이 있습니다. 사실 유제품의 밀어내기 관행은 남양유업만 저질렀던 것은 아닙니다. 왜 이런 관행이 생겨났는지 그 이유를 기업의 SCM^{Supply Chain Management}으로 설명할 수 있습니다.

유업 회사들은 젖소 농가와 계약을 맺고 매일 일정량의 원유를 공급받아 이를 가공하여 대리점에 납품을 합니다. 공급을 받는 원유의 양이 일정하므로 판매되는 양도 매일 같아야 가장 좋습니다. 특정 기간 많이 팔린다고 해서 갑자기 우유를 구해오거나 설비를 갑자기 늘릴 수 있는 것도 아니고 반대로 갑자기 판매량이 줄었다고 해서 우유 생산량을 줄일 수도 없습니다.

유제품은 유통기한이 짧아 오늘 못 팔면 내일 버려야 하는 특성을 갖고 있습니다. 그래서 유업 회사들이 가장 좋아하는 소비자는 한 번에 많이 사는 고객이 아니라 매일 일정량의 우유를 꾸준히 구매하는 고객입니다. 소매 판매보다 같은 양을 매일 구매하는 대형 급식시장에 더 공을 들입니다. 꾸준하고 안정적인 수요처가 있다면 마음 놓고 더 많은 젖소 농가와 계약을 하고 설비와 생산인력을 늘릴 수 있을 테니까요.

그런데 소매점에서 판매되는 유제품이 매일 그 수요가 일정할 리가 없습니다. 소매점의 프로모션, 날씨 등등에 따라 판매량은 매일 변화할 것이고, 그 수량의 예측은 쉽지 않습니다. 제품의 폐기는 손실로 이어지므로 유업회사 측에서는 각 대리점마다 하루 판매할 할당량을 주고 다 팔든 못 팔든 본사의 물량을 무조건 받아야 하는 식의 관행이 생겼을 것입니다. 유업 회사의 마케팅 담당자 입장에서는 이런 식의 계약을 업계의 모든 회사에서 하고 있었으니 큰 문제가 없다고 생각했을 것입니다.

그러나 소비자의 감정을 건드린 것은 밀어내기 관행보다 젊은 직원이 나이 든 대리점주에게 하는 욕설과 갑질이었습니다. 녹취가 너무나 생생하여 지금 다시 들어봐도 얼굴이 화끈거릴 정도입니다. 대리점주가 느꼈을 모멸감이 음성을 통해 고스란히 전달되고 소비자는 분노합니다.

이전까지 기업의 부도덕함이 대대적인 불매운동으로 오랫동안 이어진 예는 그리 많지 않습니다. '땅콩회항', '라면상무'와 같은 갑질사건들이 있어 왔지만 일개 직원의 일탈이 원인이었고, 마땅한 대체재가 없어 불매운동이 오래 갈 수 없었기 때문이기도 합니다.

그러나 남양유업은 같은 사업을 영위하는 몇몇 경쟁업체들이 충분히 대체 가능한 제품을 만들었으며 회사 차원의 구조적 문제를 안고 있었던 데다가 제대로 사과를 하지 못하는 등 초기에 진화를 하지 못하고 불씨를 계속 키워갔습니다.

녹취록이 퍼지고 불매운동을 가장 먼저 벌인 이들은 소비자가 아닌 소매점주, 그러니까 슈퍼마켓과 편의점 점주들이었습니다. "부도덕한 기업의 물건을 팔지 않겠다"며 매대에서 남양유업 제품을 치워버립니다. 소매점주로서는, 어차피 진열해봐야 팔리지 않을 것 같으니 선수를 친 것일 수도 있겠습니다. 이후 소비자들의 참여가 늘어나고 불매는 장기화 됩니다.

남양유업은 이 사건으로 치명적인 타격을 입었습니다. 사건이 발생 당시 100만 원을 넘던 주가는 사건의 전개와 함께 지속적으로 하락하여 2022년 6월 현재.37만 원 정도로 폭락했고, 시장 점유율과 매출, 영업이익이 지속적으로 하락하는 가운데 경쟁사가 그 빈자리를 대신합니다.

CSR 경영의 중요성을 일깨워 주는 사건이었습니다.

기업의 사회적 책임 경영 CSR : Corporate Social Responsibility

정의

학자와 단체마다 조금씩 다른 정의를 사용하고 있다.

- 기업과 사회와의 공생관계를 성숙시키고 발전시키기 위해 기업이 취하는 행동(OECD)
- 이익창출 및 이해관계자들의 수요에 부응하기 위해 규제에 순응하는 것 이상으로 기업이 노력하는 것(The myth of CSR, Deborah Doane)
- 직원, 가족, 지역, 사회 및 사회 전체와 협력해 지속가능한 발전에 기여하고 이들의 삶의 질을 향상시키고자 하는 기업의 의지(WBCSD, 1998)
- 기업 스스로가 자신의 사업 활동을 행할 때나 이해관계자stakeholder와의 상호관계에서 자발적으로 사회적 또는 환경적인 요소들을 함께 고려하는 것(Commission of the European Commnties, 2001)

필요성

처음 CSR 경영이 대두가 되었을 때에는 법적 책임과 강제력보다는 윤리적 도덕적 책임이라는 의미로 사용되었다. 그러나 점점 윤리적 책임을 포함하여 소비자, 노동자, 국가사회복지, 환경과 공해 방지, 지역사회의 이익 충족 등 좀 더 광범위한 책임으로 확대되어 기업을 평가하는 새로운 글로벌 기준이 되고 있다. 최근에는 기업의 사회적 책임의 중요성과 역할이 더욱 중시되면서 ESG(환경Environmental, 사회Social, 지배구조Governance)경영으로 진보 변화한다.

지속가능한 기업 경영을 위하여 질 좋은 제품과 서비스를 제공하는 것만이 아닌 우리 사회의 성장과 생존을 위한 핵심 가치를 달성해 나가는 과정을 우리 사회는 기업에 요구하고 있다. 기업의 사회 책임 경영은 그 영향력이 지속적으로 증가하여, 기업을 평가할 때 재무적 정량 지표만큼이나 CRS, ESG를 기반으로 하는 비재무적 지표의 중요성이 강조되고 있다.

outro

끝까지 읽어주신 독자 여러분께 감사드립니다. 제가 펴내는 첫 책이었기에 나름 최선을 다해 마케팅 지식을 쉽게 전해드리고자 했지만 부족한 부분도 많았고 충실하지 못한 설명도 있을 것입니다. 필부에 불과한 제가 우리 사회에 여러 모습으로 기여한 정치인들을 평가한다거나 그들의 전략을 마케팅 이론에 가져다 대는 시도가 정치나 마케팅 전문가에게 주제넘게 보였을 수도 있어 책이 나오는 순간까지 걱정이 됩니다.

이 책은 정치인들을 평가하고자 하는 의도가 없습니다. 다만 마케팅 이론을 설명하기 위한 책으로, 좀 더 친근한 사례를 들다 보니 유명인들을 글의 소재로 들게 되었음을 다시 한 번 강조드립니다. 가능하면 유명 정치인의 성공의 사례에서 배우고자 했으며, 실패의 사례는 반면교사로 삼고자 했습니다. 혹여 마음이 상하신 정치인이나 지지자가 계시다면 너그럽게 이해해 주시기 부탁드립니다.

유명한 정치인들을 조사하다 보면 공통점이 발견됩니다. 많은 이들의 오해와는 달리, 국회의원급 이상의 정치인들은 개인의 이익보다 나름의 신념과 소신을 가지고 있으며, 본인이 생각하는 이상향을 위해 헌신합니다. 꿈은 이루어진다는 신념으로 성공보다 긴 실패의 괴로운 시간을 이

겨내면서도 긍정적인 마음을 잃지 않습니다. 보통사람들은 상상도 하기 힘든 엄청난 일정을 소화하는 체력을 가진 것도 공통점 중의 하나입니다. 선거기간 동안 지역구를 누비는 열정은 체력적 한계를 초월합니다.

이들의 헌신과 노력으로 우리나라의 정치와 경제는 명실공히 선진국으로 인정받게 되었습니다. 어떤 분들은 공감하지 않을 수도 있지만 해외의 수많은 나라와 비교해 보면 우리나라의 정치인은 상당히 유능하고 투명하며, 그들이 부패하거나 나태하지 않기 위한 사회 시스템이 의외로 잘 갖추어져 있는 나라라는 것입니다. 아직도 왕을 모시는 나라, 오랜 기간 집권 중인 독재자가 존재하는 나라, 대를 이어 정치를 하는 나라들이 선진국 중에도 상당수 있는 실정이니 말입니다.

제가 겪었던 글로벌 대기업과 스타트업의 리더들도 마찬가지였습니다. 그들의 머릿속에는 오직 사업 성공을 위한 집념만이 가득 차 있었습니다. 가슴 속에는 경쟁사를 이기고 시장에서 1위를 차지하고야 말겠다는 경쟁심으로 꽉 차 있었고, 그 목표를 달성하기 위한 다양한 방법을 머릿속에서 놓지 않던 이들이었습니다. 정치인들과 마찬가지로, 지치지 않는 체력과 실패에도 굴하지 않는 기개 같은 것이 있었습니다.

마케팅은 정치인과 기업인들이 21세기 전장에서 이기기 위한 전략의 실체입니다. 시장이 원하는 니즈를 파악하고, 상대보다 차별화된 나만의(또는 자사 제품의) 장점을 도출하여 더 많은 이들의 선택을 받는 과정을 리딩하는 일입니다. 이 과정에서 국민과 고객의 뇌를 자극하기도 하고 감성에 호소하기도 합니다. 이러한 일련의 과정들은 꼭 정치인이나 기업인이 아니더라도 많은 이들이 알아두면 삶의 여러 요소에서 다양하게 활용이 가능합니다. 이를테면, 사랑하는 사람의 욕구를 파악하고 그의 마음을 얻기 위한 전략을 도출하고 실행하는 방법이나 면접에서 경쟁자와 차별화된 나만의 장점과 스토리를 소구한다든지 할 때 마케팅 전략을 유용하게 활용할 수 있습니다. 이 책을 읽은 후 여러분들이 그렇게 실질적으로 활용할 수 있으면 좋겠습니다.

눈이 많이 오던 겨울날 쓰기 시작한 책의 초고를, 더위가 밀려드는 6월에야 완성했습니다. 책을 쓰는 시간은 나를 성찰하는 과정이었습니다. 유명 정치인들의 발자취를 더듬으며 시대의 소명에 응답하려는 깊은 고뇌를 이해하려 노력했습니다. 오랜 시간이 지난 후 돌아보면 잘못된 결정도 있지만 그들은 나름의 최선을 다해 삶과 정치를 꾸려갔습니다. 다양한 일화들에 공감하기도, 아쉬워하기도 했습니다.

내가 지지하는 정당의 정치인이 아니더라도, 성공과 실패에서 마케팅을 배웁니다. 여러분들도 이들의 이야기에서 작은 배움을 얻었다면 그저 감사드릴 뿐입니다.

2022년, 한여름 세종시에서 심우진 드림

정치인에게 배우는
마케팅 전략

어퍼컷과 하이킥

지은이 심우진

발행일 2022년 8월 30일

펴낸이 양근모

펴낸곳 도서출판 청년정신

출판등록 1997년 12월 26일 제 10-1531호

주 소 경기도 파주시 문발로 115 세종출판벤처타운 408호

전 화 031) 955-4923 팩스 031) 624-6928

이메일 pricker@empas.com